U0120264

英华学者文库

对比求真

——许余龙学术论文自选集

许余龙 著

Understanding Chinese-English Contrast:

Selected Essays of Xu Yulong

高等教育出版社·北京

内容简介

许余龙教授在英汉对比研究领域深耕近40载，本书精选其在英汉词法、句法、语篇和应用对比研究领域发表的12篇原创性、实证型论文。入选论文聚焦语言学核心前沿问题，理论思辨与语言事实挖掘相结合，代表了作者在观察、描述和解释英汉差异的对比求真探索中最具创新性的成果。

英华学者文库

顾　问：胡壮麟　陆俭明　沈家煊

主　编：罗选民

副主编：黄国文　文秋芳　董洪川

编　委（以姓氏拼音为序）：

蔡基刚　陈　桦　陈　琳　邓联健　董燕萍
顾日国　韩子满　何　伟　胡开宝　黄忠廉
李清平　李正栓　梁茂成　林克难　刘建达
刘正光　卢卫中　穆　雷　牛保义　彭宣维
尚　新　沈　园　束定芳　司显柱　孙有中
屠国元　王东风　王俊菊　王克非　王　蔷
王文斌　王　寅　文卫平　文　旭　肖　琼
辛　斌　严辰松　杨连瑞　杨文地　杨晓荣
俞理明　袁传有　查明建　张春柏　张　旭
张跃军　周领顺　庄智象

总　序

27年前，在吕叔湘、柳无忌等前贤的关心和支持下，中国英汉语比较研究会获得民政部和教育部批准成立。经过几代人的不懈努力，如今，研究会规模不断扩大，旗下二级机构已达29家，其发展有生机勃勃之态势。研究会始终保持初心，秉持优良传统，不断创造和发展优良的研究会文化。这个研究会文化的基本内涵是：

崇尚与鼓励科学创新、刻苦钻研、严谨治学、实事求是、谦虚谨慎、相互切磋、取长补短，杜绝与反对急功近利、浮躁草率、粗制滥造、弄虚作假、骄傲自大、沽名钓誉、拉帮结派。

放眼当今外语界，学术生态受到严重污染。唯数量、唯"名刊"、唯项目，这些犹如一座座大山，压得中青年学者透不过气来。学术有山头，却缺少学派，这是一个不争的事实。在学术研究方面，理论创新不够，研究方法阙如，写作风气不正，作品细读不够，急功近利靡然成风，这一切导致草率之文、学术垃圾比比皆是，触目惊心，严重影响和危害了中国的学术生态环境，成为阻挡中国学术走向世界的障碍。如何在中国外语界、对外汉语教学界树立一面旗帜，倡导一种优良的风气，从而引导中青年学者认真探索、严谨治学，这些想法促成了我们出版"英华学者文库"。

"英华学者文库"的作者是一群虔诚的"麦田里的守望者"。他们在自己的领域里，几十年默默耕耘，淡泊处世，不计名利，为的是追求真知，寻得内心的澄明。文库的每本文集都收入作者以往发表过的10余篇文章，凝聚了学者一生之学术精华。为了便于阅读，每本文集都会分为几个相对独立的部分，每个部分都附有导言，以方便读者追寻作者的学术足迹，了解作者的心路历程。

　　我们希望所有收入的文章既有理论建构，又有透彻的分析；史料与语料并重，让文本充满思想的光芒，让读者感受语言文化的厚重。

　　我们整理出版"英华学者文库"的宗旨是：提升学术，铸造精品，以学彰德，以德惠学。我们希望文库能在时下一阵阵喧嚣与躁动中，注入学术的淡定和自信。"随风潜入夜，润物细无声"，我们的欣慰莫过于此。

　　我们衷心感谢高等教育出版社为本文库所做的努力。前10本即将付梓，后20本也将陆续推出。谨以此文库献礼中国共产党建党100周年！

中国英汉语比较研究会会长　　罗选民

2021年1月5日

自 序

　　1982年春，我有幸通过香港中文大学英文系的研究生入学选拔考试，于当年9月赴港攻读硕士学位。香港是一个英汉双语社会，香港中文大学的校名是钱穆先生提议的，旨在弘扬中国语言文化。大学里的中英文藏书都十分丰富，因此入学后我毫不犹豫地选择了对比语言学和英汉对比作为自己的主攻方向。系里这一研究方向的导师是王宁先生。王先生出身江苏武进望族，中英文功底扎实，中学时深受其英文老师、学贯中西的徐燕谋先生的喜爱，后赴上海圣约翰大学和美国耶鲁大学求学，分别获得英语语言学学士和硕士学位。我是他指导的最后一位硕士研究生，因此他十分关心我的学术成长。我的硕士论文是采用韩礼德（Halliday）的语篇衔接理论做的一项英汉对比研究，题目是 "Reference as a Cohesive Tie in Chinese and English Narrative Discourse: A Contrastive Study"。王先生推荐当时担任美国俄亥俄州立大学东亚语言文学系主任的Timothy Light教授（中文名为黎天睦）为我硕士论文的校外评阅老师，论文获得Light教授的肯定后，又鼓励我将论文的一些内容独立撰文发表。我根据硕士论文的一个章节撰写了一篇题为 "A Study of Referential Functions of Demonstratives in Chinese Discourse" 的论文。该论文于1987年发表在当时国外汉语语言学界最有影响的期刊 *Journal of Chinese Linguistics* 的第15卷第1期上。

　　完成硕士论文后不久我就觉得，衔接理论作为一个描写性的分析框架，虽然可以较为系统全面地分析和揭示句与句之间的连接是借助哪些表层语言手段来实现的，但却并不能解释为什么语篇中的一个语言项目（称为衔接项目，cohesive item）会与另一个语言项目（称为预设项目，presupposed item）构成衔接关系，而不是其他的语言项目。以我具体研究的指称照应衔接来说，一个指称词语与其先行语构成衔接，分别为该衔接关系中的衔接项目和预设项目。但是，为什么一个指称词语会倾向于将同一语篇中的某个名词短语作为其先行语，而不是其他名词短语？其中有什么规律可循？从语篇理解的角度来说，这是一个更为有趣、更为重要的问题，即语篇回指的理解机制问题。我写完硕士论文后一直在思考这方面的问题，也看了一些文献资料，包括一些博士论文，希望今后有机会进一步做这方面的研究。

攻读博士学位的机会是香港中文大学英文系语言学研究方向的负责人张日昇先生为我创造的。那时他已赴香港理工学院任中文及翻译学系主任，手头有好几个较为大型的研究项目，其中一个是国际教育成绩评鉴协会（The International Association for the Evaluation of Educational Achievement，简称IEA）组织的IEA国际阅读能力调查研究（IEA International Reading Literacy Study），他是该项目香港地区子项目的项目协调人。因此他主动联系我，邀我协助他完成该项目的研究工作。这样，我于1991年3月作为助理研究员来到香港理工学院中文及翻译学系。半年后，系里首次招收博士研究生，我利用一周时间赶写出博士论文研究计划，并顺利获得通过，于1991年10月1日正式注册成为系里第一位兼读（part-time）博士生，导师为张日昇教授。张先生师从周法高先生，获香港中文大学硕士学位，并与周先生一起编纂了《上古音韵表》《汉字古今音汇》《金文诂林》《金文诂林附录》等大部头著作，因而国学功底深厚。张先生后赴美攻读现代语言学，获加州大学语言学博士学位，其博士论文"对汉语词序变化的研究比任何人都广泛得多"（屈承熹，1993：149）[1]。他刻苦勤奋，治学严谨，学有专精而又博采众长，对许多问题都有独到的见解，对学生又非常关心，使我在香港中文大学和香港理工学院学习研究期间获益匪浅。

---

1 屈承熹. 历史语法学理论与汉语历史语法 [M]. 朱文俊译. 北京：北京语言学院出版社，1993。

根据当时香港采用的英国大学体制，博士是一个纯研究性的学位，仅需在导师指导下最终提交一篇研究性论文即可，没有任何课程和学分的要求。因此，我在完成助研工作的同时，继续研读相关文献，构建论文框架，寻找合适的分析语料，对其进行标注，将相关信息录入计算机，建立了一个专门用于分析研究叙述体篇章中的回指理解要素的语料数据库，完成了题为 "Resolving Third-person Anaphora in Chinese Texts: Towards a Functional-pragmatic Model" 的博士论文撰写工作，并于1995年春通过了论文答辩。那年香港理工学院升格为香港理工大学，中文及翻译学系也更名为中文及双语学系，我在1996—1998年间在那里担任了两年助理教授（Assistant Professor）的工作。

我的博士论文完成后，屈承熹教授在其1998年出版的 *A Discourse Grammar of Mandarin Chinese*（New York: Peter Lang）[2]中指出，该论文是目前关于汉语篇章回指的三项"主要研究"之一，而且是从回指理解角度出发的一项主要研究（第284页），并辟专节（§8.3.3）加以介绍。徐烈炯、刘丹青在《话题的结构与功能》（上海教育出版社，1998）一书中认为，论文提出的对篇章主题（又称话题）的分类"比以前就话题所提出的有定要求或已知要求更为细致"（第14页）。受此鼓励，我将论文改写扩充为汉语专著，于2004年以《篇章回指的功能语用探索》为书名出版，2006年获上海市第八届哲学社会科学优秀成果著作类一等奖。该书出版后，北京大学姜望琪教授在《外语教学与研究》2005年第5期上发表了题为《主题、主位与篇章——评〈篇章回指的功能语用探索〉》的评介文章，认为该书"对篇章回指问题进行了系统、深入的研究，……提出了一个全新的篇章回指确认机制"（第387页），并在对"主题"等基本概念的处理上，提出了与国外著名学者Halliday不同的、"值得重视"（第389页）的修正意见，近来一些国外学者的做法也"跟许余龙建议的修正很接近"（第390页）。

攻读硕士学位时的专业方向选择影响了我一生，对比研究成了贯穿我学术

---

2 中译本见屈承熹. 汉语篇章语法 [M]. 潘文国等, 译. 北京: 北京语言大学出版社, 2006。

生涯始终的一个研究领域。在没有国外同类著作可参照的情况下，我认真研读国内外有关对比研究的第一手资料，于1992年出版了一部同时涵盖理论和应用对比研究的通论性专著《对比语言学概论》（上海外语教育出版社），构建了一个较为全面系统的对比语言学研究框架体系，被潘文国、杨自俭、王菊泉等学界前贤称为"标志着对比语言学作为一门学科在中国的成立"[3]。同时我也在学术期刊上发表相关研究性论文，根据中国知网的收文和被引统计（截至2019年9月1日，下同），我论文的H指数为24，即有24篇文章，每篇至少被引24次，在我国对比研究学界产生了一定的影响。

选入本书的12篇文章都是理论与实证相结合的研究性论文，代表了我在对比求真的探索中最具创新性的成果。全书共分"词法与句法对比研究""语篇对比研究"和"应用对比研究"三大部分。

"词法与句法对比研究"部分的四篇论文都是由我在教学或语篇对比研究中遇到的问题而引发的。在香港理工大学担任助理教授期间，我讲授的课中有一门是"词汇与形态学（Lexis and Morphology）"。作为新入职的教师，我获得了优先出国培训的机会，参加了1997年在美国康奈尔大学举办的美国语言学会语言学暑期班，聆听了国际形态学权威学者Mark Aronoff的"形态学"课。第一篇论文《英语X-able词的形态与语义特点》便是我备课时研读文献和听课后进行思考的产出。论文对Aronoff表述的英语X-able词的组词规律提出了质疑，并用语料证明了这一质疑是有事实依据的；同时指出，另一位西方学者Mettinger对X-able词的汉译规律的概括似是而非。第二篇论文《名词短语可及性与关系化——一项类型学视野下的英汉对比研究》是我在对名词短语篇章指称可及性研究的基础上拓展出来的课题研究。触发我写这篇文章的另一个原因是，2011年我同时有五名博士研究生入学，除了一人之外，其余四人在博

---

3 潘文国.汉英语对比纲要[M].北京：北京语言文化大学出版社，1997/2002:405。杨自俭.老实做人，认真做事，严谨做学问[M]//杨自俭.英汉语比较与翻译5.上海：上海外语教育出版社，2004:5。王菊泉.汉外对比大有可为——纪念吕叔湘先生《通过对比研究语法》发表40周年[J].外语与外语教学，2017(5):9-10。

自 序

IV

士论文的选题方面都还没有较成熟的想法。我觉得在"名词短语可及性与关系化"这一研究领域还有许多问题值得研究，因此建议他们采用建立语料数据库的方法，分别从四个不同的角度研究这一问题。我先建立了一个英语语料数据库，然后选定汉语语料，提供统一的数据库结构模板，请他们分工协作建立对应的汉语语料数据库，作为他们在研究方法上的训练与准备。他们完成后我进行了核查与汇总，最终撰写成文。论文获2014年上海市第十二届哲学社会科学优秀成果奖论文类二等奖，四位学生也顺利通过了博士论文答辩。论文用语言事实证明，汉语并不完全遵循Keenan & Comrie（1977）提出的著名的名词短语可及性等级序列理论假设，英、汉语之间的主要差别表现为，汉语关系化具有主语属格语和宾语属格语之间的不对称现象，而英语则没有。第三篇论文《英汉属格语的句法可及性》进一步将句法操作从关系化延伸到话题化和焦点化，初步证明汉语在后两种句法操作中表现出与关系化的一致性，同样存在主语属格语和宾语属格语之间的不对称，而英语没有。本部分最后一篇论文《汉语主从句间的回指问题》是我博士论文的一项先导性研究（pilot study），初稿写成于1994年。那时系里正在建设一个语料库，首期已完成，并已可用关键词检索。导师张日昇先生问我能否利用语料库写一篇文章，以便向资助单位显示建立语料库的意义，并说明他们的投入有了产出。我博士论文研究的重点是语篇回指，很难直接采用原始语料来分析。于是我就选择"华文所独"（马建忠，2004：323）[4]的一个句法特点，即在前置状语从句中的从属连词既可出现在主语名词之前，也可出现于其后（如"因为张三病了，……"和"张三因为病了，……"），研究这一结构差异对主从句间回指的影响。该文扩充后的英文版收入 *Cognitive Linguistics and the Study of Chinese*（John Benjamins，2019）一书[5]。

　　英汉语篇回指研究是我用力最勤的一个研究领域，为此我曾受邀为国际

4　马建忠.马氏文通[M].北京：商务印书馆，2004。

5　Xu Y L. Structural salience and referential accessibility: A cognitive account of inter-clausal NP anaphora in Chinese complex sentences [M]// Shu D F, Zhang H, Zhang L F. Cognitive linguistics and the study of Chinese. John Benjamins, 2019: 185-206.

著名辞书出版社 Brill 出版的大型百科全书 *Encyclopedia of Chinese Language and Linguistics* 撰写了相关词条[6]。收入"语篇对比研究"部分的五篇论文都是我博士论文的延伸研究。我的博士论文构建了一个以主题性和可及性为基本概念的语篇回指理解模型,第一篇《汉英篇章中句子主题的识别》和第二篇《英汉指称词语表达的可及性》分别辨析和阐释了这两个基本概念及其在语篇回指中的作用。第三篇《话题引入与语篇回指——一项基于民间故事语料的英汉对比研究》采用自建语料数据库,分析了话题引入的方式与语篇回指之间的关系,其英文版收入论文集 *Contrasting Meaning in Languages of the East and West*(Peter Lang,2010)[7]。本部分最后两篇文章是在我指导的硕士和博士生完成了我给他们的课题研究后,我综合利用他们的原始语料重新整理分析后写成的。第四篇《英汉下指的篇章功能和语用分析——兼谈汉语第三人称代词照应的单向性问题》探讨广义回指中的一种较为特殊的形式,即下指的语篇功能。第五篇《名词短语可及性与篇章回指——以汉语主语属格语为例》聚焦汉语相较于英语在篇章回指中的一个特殊之处,即主语属格语在篇章中的较高回指可及性。此文所讨论的内容,与上一部分中两篇关于名词短语可及性与句法操作的文章相呼应,表明汉语的主语属格语不仅在关系化、话题化和焦点化等句法操作中比英语主语属格语有较高的可及性,而且在篇章回指中也同样具有较高的可及性。

"应用对比研究"部分的第一篇文章《学习策略与英汉阅读能力的发展》,是我利用在香港期间开展的 IEA 国际阅读能力调查研究香港地区子项目的数据资料写成的。我主要参与了该项目的测试试卷与调查问卷的翻译(英译中)、试卷预测、试题调整、正式测试,以及将试卷测试结果和调查问卷中的数据录入计算机并整理等工作,同时完成了 400 多页的描写性数据分析,作为附

6　Xu Y L. Reference processing and discourse [M]// Sybesma R. Encyclopedia of Chinese language and linguistics, Vol. 3. Leiden: Brill, 2017: 555-558.

7　Xu Y L. Topic introduction and referent accessibility in Chinese and English narrative discourse [M]// Shu D F, Turner K. Contrasting meaning in languages of the East and West. Bern: Peter Lang, 2010: 553-575.

录列入最终的香港学生中英文阅读能力研究报告[8]。论文利用该项目中的学生调查问卷和阅读测试成绩，分析了不同学习策略的使用与阅读测试成绩之间的关系。第二篇论文《英汉远近称指示词的对译问题》将我于1987年发表在 *Journal of Chinese Linguistics* 上的那篇文章发现的结果应用到翻译中，旨在解释为什么有时在英译汉时，英语的远指词（如"that"）会翻译成汉语的近指词（如"这"）。该论文引发了不少后续研究，包括一些硕士、博士论文研究，如北京外国语大学吴一安教授在剑桥大学完成的博士论文[9]。最后一篇文章《"语句"与"代词"的设定对指代消解的影响——一项向心理论参数化实证研究》，则尝试将我博士论文提出的篇章回指理解模型应用到指代消解中去。指代消解是计算语言学研究的一项核心内容，我一直很感兴趣，但由于缺乏相关知识与技术，很难独立完成，此类跨学科研究通常也都是合作完成的。正巧我的一位2003年入学的博士研究生的丈夫是计算机科学与工程专业的博士后，她也愿意做这一方向的研究。我为她确定的计算语言学具体实现方案借用Massimo Poesio等人提出的向心理论的参数化研究方法。为此，我根据他们的技术报告以及发表在 *Computational Linguistics* 上的长文 "Centering: A Parametric Theory and Its Instantiations" 写了一篇介绍性文章[10]，梳理归纳了该研究方法的要点以及指代消解所涉及的关键参数。她根据参数提取要求对语料进行了标注，她丈夫则设计了指代消解的相关计算机程序，博士论文进展得十分顺利。入选的此文是我们的合作成果之一。

在选入本书的这12篇论文中，有11篇是涉及定量分析研究的。究其原因，首先，我觉得英汉之间的差异在很多时候都体现在量上，比如，英、汉语都

8　Johnson R K, Cheung Y S. Reading literacy in Hong Kong: An IEA World Literacy Project on the reading proficiency of Hong Kong students in Chinese and English [R]. Hong Kong：The Hong Kong Polytechnic University, 1995.

9　该论文正式出版为Wu Y A. Spatial demonstratives in English and Chinese: Text and cognition [M]. Amsterdam: John Benjamins, 2004。

10　该文发表为许余龙. 向心理论的参数化研究[J]. 当代语言学, 2008 (3): 225-236。

有远、近称指示词，但英语的远指词用得比近指词多，而汉语的近指词用得比远指词多，定量分析能揭示这种差异。其次，我在香港参加IEA研究项目期间，管理了一个含有11,805位学生，每位学生含有个人、家庭、教师和学校等500多个变量信息的大型数据库，并进行了基本的数据统计分析，为利用数据库进行语言学分析打下了方法和技术方面的基础。最后，这也是我个人的兴趣所在。我性格内向，不善言辞。刚上小学时对苏联首次成功发射人造地球卫星感到十分震撼，梦想将来如有机会做这方面的工作，倒也比较适合我。直到上大学填志愿时，我的第一、第二志愿仍分别是复旦大学数学系和南京大学天文系。但后来阴差阳错学了外语，所以能利用定量分析来研究语言也算是部分圆了自己的少年梦。

收入本书的论文根据高等教育出版社的统一要求做了格式方面的调整。借此辑集出版之机，部分论文纠正了发表时的个别错误，少数论文则补上了发表时受篇幅所限而删去的一些内容，以增加论文的易读性。

在近40年的语言学研习中，我的一个心得体会是，语言学研究的过程和目标亦如史学家王尔敏先生所言，是"锻炼超然的观察能力，历练缜密辨析问题的习性，培养追逐抽象思路的耐心"[11]。一个具体例子是，在我埋头撰写硕士论文时，张日昇先生提醒我，钱瑗先生刚发表了一篇文章[12]，研究的问题和我的硕士论文相同。我的第一反应是，这下麻烦了，她是一位知名学者，她的讨论肯定比我深入，不行的话我只能另选问题来研究了。钱瑗先生文章的重点是讨论英汉远近称指示词的用法差异。她以实际的时间尺度为依据，把过去时间区分为"过去已久"和"过去不久"两个时段，进而将英汉远近称指示词在指称时间距离时的用法差异归结为：英语无论指称"过去已久"还是"过去不久"，都必须使用远指词；而汉语在指称"过去不久"时，可以用近指词。我认真研读了她的文章，仔细查找语料中的相关用法，发现她的上述结论并不能

---

11 转引自李洪岩. 史学"非主流"与"史学方法"——与王尔敏先生商讨 [A]. 中华读书报，2007年4月11日第10版。

12 即 Qian Y. A comparison of some cohesive devices in English and Chinese [J]. Journal of foreign languages, 1983 (1): 19-26。

完全解释语言实际使用情况。这促使我深入思考，另辟蹊径，借用当时刚兴起不久的认知语言学研究思路，在1984年的硕士论文中提出了"心理距离"这一概念（详见收入本书的《英汉远近称指示词的对译问题》一文）。或许正是这一在研究思路上的小小创新，使我根据硕士论文的相关章节改写的论文得以发表在 *Journal of Chinese Linguistics* 上。

我的信念是，作为一种科学研究，语言学研究的终极目标是发现人类语言的规律，就像物理学研究的终极目标是发现物理世界的规律一样。人类语言的规律应该适用于所有的人类语言，应能概括世界上所有的语言所共有的属性和运作规律。因此，未来的语言学研究也应该为探索人类语言的规律而不懈努力。当然，作为人脑产物的语言，其复杂性意味着这一目标或许将永远无法完全实现，但是每一项真正的研究都会使我们对某一语言现象有新的认识，从而向这一目标迈进一步。因此，语言学研究是无止境的，有许多新的研究有待我们去做。现代语言学是在西方发展起来的。今后，中国语言学研究者可以进一步深挖汉语相对于其他语言的特点，并将其纳入世界语言变异的范围内考察，为探索人类语言的运作规律提供中国智慧，作出中国贡献。这也是语言对比研究的目标和价值所在。

感谢中国英汉语比较研究会会长罗选民教授在策划和组织出版这套"英华学者文库"的全过程中所做的大量工作，感谢高等教育出版社对文库出版的大力支持和精心编辑。

许余龙

2020年5月

目　录

第一部分
词法与句法对比研究

导　言

　　词法主要研究语言的构词规律以及这种规律对语义的影响。相对汉语而言，英语中词的形态较为发达，词缀丰富。那么，这些词缀是按什么样的顺序添加到词基上组成派生词的？其中是否有规律可循？这些规律又如何影响派生词的语义及其汉译？本部分第一篇论文《英语X-able词的形态与语义特点》便试图回答这些问题。论文的出发点是Mark Aronoff的生成形态学理论。Aronoff是国际形态学权威，他的博士论文可称为生成形态学的开山之作，填补了生成音系学与生成句法学之间的空白，成为生成形态学的一部经典著作。他提出，英语词缀可以分为两大类：一类为中性词缀（neutral affixes，以 # 号表示），另一类为非中性词缀（non-neutral affixes，以 + 号表示）。就具体的英语词缀-able而言，他认为应分析为两个不同的后缀：一个是中性的 #able，另一个是非中性的 +able。他进一步指出，如果要用非中性的 in+ 或中性的 un# 来构成X-able词的否定词的话，那么 in+ 附加在

X+*able*形式的形容词前，而*un#*则附加在X#*able*形式的形容词前。论文对Aronoff表述的英语X-*able*词的构词规律提出了质疑，并以大型英语词典的实际收词情况证明，这一质疑是有事实依据的。论文进而指出，Mettinger将V-*able*词的主动或被动含义以及是否能译为"易……的"或"可……的"，与其中的V是及物还是不及物动词联系起来，这一观点无论从共时还是历时的角度来说，都是没有根据的。

句法着重研究语言组词成句和句法操作的规律，以及句法结构对语义的影响与制约。本部分第二篇论文《名词短语可及性与关系化——一项类型学视野下的英汉对比研究》探讨了"关系化"这一句法操作在英、汉两种语言中所受到的制约，考量的视角是Keenan & Comrie提出的著名的名词短语可及性等级序列理论假设。该假设认为，一个句子里充当各类句子成分的名词短语，其关系化操作的可及性以主语、直接宾语、间接宾语、旁语、属格语和比较宾语这一先后排列方式为序依次递减，排位靠前的名词性成分（如主语）可及性较高，进行关系化操作时总是要比其后的名词性成分（如直接宾语）容易些；反之则要受到较大的限制，甚至完全不可能。这被认为是世界语言的一条共性。论文采用语法性判断和小说语料，较为全面系统地考察了英、汉两种语言在建构关系从句时的异同，发现两者之间的主要差别表现为：汉语主语属格语具有较高的可及性，进行关系化操作时主语属格语较为容易，通常可采用无格空位策略，宾语属格语则较为困难，一般必须使用复指代词；而在英语中，对主语属格语和宾语属格语进行关系化都必须采用有格策略，即都必须采用复指代词或有格关系代词。

那么，上述现象是否也会出现在话题化和焦点化的句法操作中呢？第三篇论文《英汉属格语的句法可及性》进一步探讨了这一问题。论文采用生成语法中常用的语法性判断的方法，初步证明：汉语在进行话题化和焦点化操作时，同样存在上述主语属格语和宾语属格语之间的不对称现象，即前者通常可采用无格空位策略，而后者一般必须使用复指代词；而在英语中则不存在这种不对称现象，在对主语属格语和宾语属格语进行句法操作时，都必须采用复指代词或有格关系代词。

本部分最后一篇论文《汉语主从句间的回指问题》抓住汉语独有的一个句法特点，探讨句法结构差异对回指理解的影响。在汉语偏正复句里，如果状语从句前置的话，从属连词既可出现于主语名词之前，也可出现于其后，如"因为张三病了，……"和"张三因为病了，……"。论文基于主题性与可及性这两个语篇认知概念，提出和论证了如下一个理论假设：主语前置结构优先用于表达主、从句间主语／主题位置上的名词短语同指；而主语后置结构优先用于表达两者之间异指。语料分析结果支持这一假设。

一 英语 X-*able* 词的形态与语义特点[1]

1. 引言

本文所要讨论的 X-*able* 词，主要是指具有如下两个形态特征的英语词：① 词中含有 -*able* 后缀（包括其另外两个形态变体 -*ible* 和 -*uble*）；② 词中的 X 在英语里有相应独立的词。因而，如下两类词不在本文讨论范围之内：① 虽然以 -*able* 或 -*ible* 收尾，但两者在词中都不是后缀，如 *cable, fable, syllable, vegetable, timetable, Bible* 等；② 虽然含有 -*able* 后缀，但 X 在英语中不是一个独立的词，如 *probable, impeccable, formidable, culpable, amenable, eligible, tangible* 等。

对 X-*able* 词进行单独研究，主要有两个原因。首先，X-*able* 词在英语词汇中占有相当大的比例。在田刚、张贵民（1989）列出的 10,000 个英语常用词中，X-*able* 词就有 207 个（不包括上述 a、b 两类词）之多，占总数的 2% 略强，其分布见表 1.1。而这些词在语义上，又与其词基（base）X 有或多或少的联系。在译为汉语时，有的可译为"可 X 的"（X 表示词基的词义，下同），如 *avoidable*；有的可译为"易 X 的"，如 *perishable*；有的译为两者皆可，主要视上下文而定，如 *changeable*；有的则似乎与词基并无任何语义上的联系，如 *considerable*。有必要对这些词加以单独研究。

1　原载《外语教学与研究》1999 年第 1 期，35—42 页。

表 1.1　常用 X-*able* 词的分布

词尾拼写形式	总数	词尾非后缀（a 类词）	X 非独立词（b 类词）	X-*able* 词
-*able*	216	10	33	173
-*ible*	65	1	33	31
-*uble*	3	0	0	3
总计	284	11	66	207

其次，Mettinger（1990）认为，X-*able* 词究竟应译为"易 X 的"，还是应译为"可 X 的"，主要是由其动词词基 X 是及物还是不及物动词决定的。我认为，这一观点似是而非，无论是从共时还是历时的角度来说，都是没有根据的。

本文拟从分析 X-*able* 词的形态和语义特征入手，来探讨 X-*able* 词与其词基 X 在语义上的联系，从而找出将这类词译为汉语时的某些一般性的规律。

2. X-able 词的形态特点

2.1 -*able* 的历时形态演变

在形态和书写形式上，-*able* 可以有三个不同的变体，即 -*able*，-*ible* 和 -*uble*。其中，以 -*able* 收尾的词最多，-*ible* 次之，-*uble* 最少。在田刚、张贵民（1989）列出的 10,000 个英语常用词中，这三类词分别有 173、31 和 3 个。

根据 Onions（1966）和 Barnhart（1988）提供的资料，从词源学的角度来说，英语中的后缀 -*able* 和 -*ible* 分别来自（古）法语中的 -*able* 和 -*ible*，或直接来自拉丁语中的 -*ābilis* 和 -*ibilis* 或 -*ībilis*。实际上，在拉丁语中，真正的后缀是 -*bilis*，用于动词后构成形容词。这一后缀加在具有第一词形变化的动词（不定式词尾为 -*āre*）后面，成为 -*ābilis*；加在其他三类动词（不定式词尾为 -*ēre*，-*ere* 和 -*īre*）或这些动词的过去分词后面，则成为 -*ibilis* 或 -*ībilis*。-*uble* 中的 /ju/ 似乎是 /vi/ 受前面的 /l/ 同化而演变得来的，如 *solve→soluble*，*resolve→resoluble*。后来，-*ābilis* 的运用范围扩大，被用来附加在某些其他类的动词及一些名词后，构成形容词。而在法语中，-*able* 的运用范围进一步扩大到所有其他动词。

在英语中，后缀 -*able* 由于与 *able* 一词在表面形式及语义方面的相似和联系〔其实并无真正的词源上的关联，英语中的 *able* 一词借自古法语中的 *hable* 或 *able*，后者源自拉丁语中的 *habilis*（容易握住、处理的），由动词 *habēre*（有，握住）加后缀 *-ilis*（能力，适合性）构成〕，还被广泛用来加在一些本族语及物动词的后面，构成形容词，例如 *eatable, workable, doable, thinkable, shakable, breakable, lovable, forgivable, forgettable*，甚至加在短语动词后面构成形容词，例如 *come-at-able, getatable*（见《英汉大词典》），以及 *talk-about-able, keep-off-able*（Fromkin & Rodman，1993：50）。

这样，由英语原有的本族语词（即盎格鲁－撒克逊词）为词基构成的 X-*able* 词，只用 -*able* 而不用 -*ible* 收尾。虽然，要区分英语中的词哪些是本族语词，哪些是借来的外来词，并没有确切可靠的方法，但是一般来说，英语日常生活会话中一些基本、常用的词，多数是本族语词。这些词大多较短，只有一两个音节，是英语词汇的核心（Jackson，1988：22-23；Katamba，1994：220）。这一点可以从上面所举的一些词例中看出。此外，一些由已经本土化了的外来词构成的现代 X-*able* 词，也都是以 -*able* 收尾的，如 *actable*（能演出或扮演的），*actionable*（可提出诉讼的），*adaptable*（适应性强的，可改编的）。这是因为 X-*able* 词多以 -*able* 收尾。

2.2 -*able* 的共时形态特点与分类

在形态学研究中，一般认为（如 Bauer，1988；Katamba，1993），英语词缀就其与词基结合的形态特点而言，可以分为两大类：一类称为中性词缀（neutral affixes），另一类称为非中性词缀（non-neutral affixes）。前者与生成音系学中的强界限（又称词界限，以 # 号表示）相联系，后者则与弱界限（又称语素界限，以 + 号表示）相联系（见 Chomsky & Halle，1968；Aronoff，1976：40）。两者在形态语音上的区别主要表现为：非中性词缀附加到词基上以后，可能会改变词基原来的重音位置并带来相应的语音变化，也可能产生语素变体；而中性词缀则不会带来这些变化。

一般来说，非中性词缀是那些较为明显的拉丁词缀，而中性词缀则是那些本族语词缀和本土化了的词缀。在词语派生过程中，通常是在词根上先添加非中性词缀，然后才添加中性词缀，次序不能颠倒。这就是形态学研究中所谓的次序假说（ordering hypothesis，见 Siegel，1974；Allen，1978），或称词缀次序总则（affix ordering generalization，见 Selkirk，1982）。

那么，*-able*究竟是中性还是非中性后缀呢？ Aronoff认为，就其形态特征而言，*-able*应分析为两个不同的后缀：一个是中性的 *#able*，另一个是非中性的 *+able*。他的分析主要是基于如下两个理由：首先，与其他一些非中性词缀一样，非中性后缀 *+able* 附加到词基上以后，可能会使词基原有的语音或形态特征发生某些变化，而中性后缀 *#able* 则不会；其次，非中性的 *+able* 有 *-able* 和 *-ible* 两个形态变体，而中性的 *#able* 却只有 *-able* 一种形式。比较如下（引自 Aronoff，1976：122-125）：

表1.2　中性和非中性词缀引起的词基变化

变化类型	词基	*+able*	*#able*
重音改变（及相应音素语音改变）	*re'pair*	*'reparable*	*re'pairable*
	pre'fer	*'preferable*	*pre'ferable*
	com'pare	*'comparable*	*com'parable*
产生语素变体	*defend*	*defensible*	*defendable*
	perceive	*perceptible*	*perceivable*
	divide	*divisible*	*dividable*
词基末尾音节截短	*cultivate*	*cultivable*	*cultivatable*
	educate	*educable*	*educatable*
	irrigate	*irrigable*	*irrigatable*
	navigate	*navigable*	*navigatable*
	demonstrate	*demonstrable*	*demonstratable*

从表1.2可见，非中性的 *+able* 附加在词基上之后，词基可能会产生三种类型的变化：① 重音及相应音素的语音改变，如 /ri'pɛə/ → /'repərəbl/；② 使一些拉丁词根产生语素变体，如 *perceive* → *perceptible*（这种变体同样出现在 *+ion*，*+ive*，*+ory* 或 *+or* 等非中性后缀前）；③末尾音节截短，如 *cultivate* → *cultivable*。

Aronoff（1976：125）认为，如果要用 *in+* 或 *un#* 来构成X-*able*词的否定词的话，"*in+* 附加在X+*able*形式的形容词前，*un#* 则附加在X#*able*形式的形容词前"。他的例子见表1.3：

表1.3 中性和非中性前后缀的配合使用

变化类型	*in*+加 X+*able*	*un*#加 X#*able*
重音改变	*ir'reparable*	*unre'pairable*
	ir'revocable	*unre'vokable*
产生	*imperceptible*	*unperceivable*
语素变体	*indivisible*	*undividable*
词基末尾	*irregulable*	*unregulatable*
音节截短	*inviolable*	*unviolatable*

其实，我认为，根据次序假说，更确切的表述似乎应该是：理论上允许的派生形式是 *in*+[X+*able*]，*un*#[X+*able*] 和 *un*#[X#*able*] 这三种；而 **in*+[X#*able*] 是理论上不合法的派生形式，因为在这一派生过程中，X先与中性后缀#*able*结合，构成 X#*able*，然后再与非中性前缀 *in*+结合，违反了次序假说。我们这一推断可以从实际英语词汇中得到证实。表1.4列出了与表1.3相应的上述四种结构的词在 *The Oxford English Dictionary (OED)*（第二版）（1989），*Webster's Third New International Dictionary of the English Language: Unabridged*（1986），*The Random House Dictionary of the English Language: Unabridged*（第二版）（1987）这三本最大的英语词典中的收词情况，带*号表示没有一本列出，不带*号表示至少有一本词典收入。

表1.4 四种结构的英语词在三本词典中的真实收词情况

in+[X+*able*]	*un*#[X#*able*]	*un*#[X+*able*]	*in*+[X#*able*]
irreparable	*unrepairable*	**unreparable*	**irrepairable*
irrevocable	*unrevokable*	*un'revocable*	**irrevokable*
imperceptible	*unperceivable*	*unperceptible*	**imperceivable*
indivisible	*undividable*	*undivisible*	**individable*
*irregulable	**unregulatable*	*unregulable*	**irregulatable*
inviolable	**unviolatable*	*unviolable*	**inviolatable*

表1.4的第一、二栏列出的词与表1.3的第二、三栏相同。表1.4显示，第一、二、三栏中都有个别词在上述三本词典中均未收入；但第四栏的六个词中，没有一个收入三本词典中的任何一本。这说明，次序假说至少适用于解释

表1.4中所列词的结构，哪些在理论上是允许的，哪些是不允许的。三本词典的收词事实证明，in+[X+able]，un#[X+able]和un#[X#able]这三种结构都是理论上合法的，个别词没有，只是偶然的词项空缺（accidental lexical gap）现象；而in+[X#able]这一结构则是理论上不可能出现的。同时，这一收词事实也更清楚地证明，在形态学上确实有必要区分中性的#able和非中性的+able。

3. X-able词的语义特点及中译

3.1 X-able词的语义分类

从词的形态结构与词义之间的关系来看，大多数X-able词的词义基本上是透明的（transparent）。所谓词义透明是指词具有形态理据（morphological motivation，见Ullmann 1962；许余龙，1992），即词义可以通过对词的形态构成进行分析而获得。当然，词义的透明性有程度的不同。许多X-able词的词义几乎是完全透明的，其词义可以从构成成分X与-able的基本意义直接推断，如eatable, drinkable, lovable, usable等。另一些X-able词的基本词义也属透明，但同时有一些不甚透明的引申义。例如，respectable的基本词义是"worthy of respect, deserving to be respected"（可尊敬的），从这一基本词义中引申出"worthy of respect by reason of some inherent quality or quantity"（由于本身的质量或数量而受到尊重），从而再引申出"considerable in number, size, quantity, etc"（在数字、尺寸、数量等方面可观的）。也有个别X-able词在历时演变中，其基本意义逐渐废用，目前一般只用其引申义，因而词义透明度更低。例如，considerable经历了与respectable相似的词义演变过程，从本义"that may be considered, worthy of consideration"（值得考虑的）引申出"worthy of consideration by reason of magnitude"（由于大小、数量而值得考虑），再引申出"somewhat, rather or pretty large in amount, extent, duration, etc"（相当多、广、久等），这最后一个词义是目前通用的意义（OED）。

既然大多数X-able词在词义上是基本透明的，那么其词义与构成成分X和-able之间，究竟可以有什么样的语义联系呢？Aronoff（1976：48）认为，根据其词基的句法语义特征，X-able词可以分为两大类：一类是由名词性词基构成的N-able，如*fashionable, sizeable*；另一类是由动词性词基构成的V-able，如*acceptable, moveable*。前者意为"characterized by N"（N为名词词基的词义），后者意为"capable of being V-ed"（V为动词词基的词义）。前者构成名词时词尾通常只能加-ness，而不能加-ity，如*fashionableness* (*fashionability), sizeableness* (**sizeability*)；后者则一般没有这种限制，如*acceptableness, acceptability, moveableness, movability*。因而，这两类词中的-able是两个不同的后缀。

在V-able词中，有的带有被动的含义，如*questionable* = liable to be questioned；有的带有主动的含义，如*perishable* = liable to perish；有的则两者兼有，如*changeable* = liable to change，或 liable to be changed（by others）。Mettinger（1990：429）认为，带有被动含义的V-able词，其词基是及物动词；而带有主动含义的，其词基是不及物动词。有的V-able词之所以既可有被动含义，又可有主动含义，是因为这些词的词基既可用作及物动词，也可用作不及物动词。也就是说，他认为在语义上，V-able词可以再分为Vt-able和Vi-able两类。而Aronoff（1976：126）则认为，V-able中的V是及物动词，因而无须再分类。

从共时的角度来说，Mettinger的观点似乎是正确的，可以用来解释上面所举的例子。即，因为*question*是个及物动词，所以*questionable*带有被动含义；*perish*是个不及物动词，所以*perishable*带有主动含义；而*change*用作两者皆可，所以既可有被动含义，又可有主动含义。但从历时衍变的角度来看，V-able词最初都可以同时有被动和主动两种含义，只是到了后来，一些词的主动含义逐渐消失废用，新派生出来的词才只带被动含义（见Onions，1966；Barnhart，1988）。因此，本文暂且在语义上将X-able词分为两类：一类是V-able，基本语义为"able or liable to V or to be V-ed"（即V可以是及物动词，也可以是不及物动词）；另一类是N-able，基本语义为"characterized by or fit for N"。

3.2 形态与语义的关系

前面2.2节提到，根据其形态特征，-able可以分为中性的*#able*和非中性的*+able*两个不同的后缀。中性词缀通常是能产词缀，而非中性词缀的能产性往往受到很大的限制。上面3.1节又根据语义将X-*able*词分为V-*able*和N-*able*两类。那么，这两类X-*able*词中的-*able*究竟是#*able*还是+*able*呢？

Aronoff（1976：48）认为，N-*able*中的-*able*是#*able*；而V-*able*中的-*able*，有的是#*able*，有的则是+*able*。也就是说，综合考虑形态语义因素，X-*able*词可以分为N#*able*，V#*able*和V+*able*三类。作为这一结论的一个推论，N#*able*和V#*able*应该是能产的派生形式。Akmajian *et al.*（1995：40）认为，N-*able*并非一种能产的派生形式，因为英语中的N-*able*词数量有限。但是Katamba（1993：296）曾记录到*Prime-ministerable*这样一个临时性词（nonce word），用于如下场合：

（1）Mr. Kinnock is now Prime-ministerable.

（= has what it takes to be made into a Prime Minister）

这说明，对英语本族语使用者来说，N#*able*仍是一种能产的派生形式。至于V#*able*，由于历时演变，只有当V是及物动词时，才是能产的，而且能产性很高。2.1节曾提到，V#*able*这一派生形式，不仅适用于几乎所有英语本族语及物动词，而且也能应用于一些动词词组。

3.3 X-*able*词的理解与中译

3.3.1 N-*able*词

根据N-*able*词与其词基N在语义上的联系，N-*able*词大致可以分为如下三类：

1）当N表示通常希望得到的某种抽象的东西时，N-*able*的主要语义可表示为"having, showing, giving or bringing (good/fair/great) N"。这类词有*knowledgeable, reputable, valuable, sizeable, reasonable, fashionable, peaceable, pleasurable, comfortable, honourable, respectable, profitable, favourable*等。正如Aronoff（1976：48）所指出的，在派生出名词时，这些词后面只能加-*ness*，而不能加-*ity*。这些词的中译，在很大程度上要视其中N所表达的确切意义及整个词在上下文中的意义来确定。

2）当N表示某种可采取的行动时，N-*able*的主要语义可表示为"（ having such qualities as ）fit for or liable to N"。这类词有 *actionable, saleable, marriageable, serviceable, objectionable, dutiable* 等。与Aronoff的说法相反，这些词在构成名词时，后面通常既可加 -*ness*，也可加 -*ity*。OED同时列出了 *saleableness, saleability; marriageableness, marriageability; objectionableness, objectionability; serviceableness, serviceability*。而 *dutiable* 一词的名词形式只有 *dutiability* 一式。其原因似乎是，这些词的词基虽然都是名词，但都蕴含着潜在的动词意义。而且，其本身的语义也与由动词派生出来的V-*able*词相近，都可译为"可 / 会 / 应……的"，如 *actionable* 译为"可提起诉讼的"，*saleable* 译为"可供出售的"，*marriageable* 译为"可娶 / 嫁的"，*serviceable* 译为"可供使用的"，*objectionable* 译为"会引起反对的"，*dutiable* 译为"应征税的"（见《英汉大词典》）。这说明，词的语义也可以影响词的形态特征。

3）当N表示某一类人或某个团体时，N-*able*的主要语义可表示为"having such qualities as fit to be（ a member of ）N"。这类词有 *companionable, clubbable* 等。与上述第二类词一样，这些词在派生出名词时，后面通常既可加 -*ness*，也可加 -*ity*。

3.3.2　V-*able* 词

英语中的V-*able*词在数量上要比N-*able*词多得多。在表1.1的207个X-*able*词中，N-*able*词仅占7%，其余都是V-*able*词。在语义上，V-*able*词也要比N-*able*词复杂些。

首先，3.1节提到，V-*able*词的含义有主动和被动之分，Mettinger（1990）将这一语义区别与V的词性联系起来。他还认为，由及物动词派生出的Vt-*able*词通常可译为"可……的"，而由不及物动词派生出的Vi-*able*词则通常可译为"易……的"（Mettinger，1990：429）。我在前面已指出，从历时的角度来说，动词词根的及物与不及物，并不是V-*able*产生主动与被动含义的原因。这里我想从共时的角度指出，他的这一观点似是而非。

先来看V-*able*词的具体语义及其实际汉译对应情况。在田刚、张贵民（1989）所列的V-*able*词中，有18个可译为"易……的"（其反义词译为"难……的"不计）。其中，只有 *perishable* 的词基 *perish* 现在只用作不及物动词（其古义及在方言中仍可用作及物动词）。而 *placable*（易抚慰的）的词基 *placate* 一直只能用作及物动词，意为 "to render friendly or favourable; to pacify"。*OED* 将 *placable* 释义为 "capable of being, or easy to be, appeased or pacified"，显然含有被动义。其余词的词基既可用作及物动词，也可用作不及物动词，但绝大部分主要是用作及物动词，如：*noticeable*（容易看出的），*breakable*（易碎的），*workable*（易加工的），*inflammable*（易燃烧的，易激动的），*irritable*（易怒的），*forgettable*（易被忘记的），*compressible*（易压缩的），*digestible*（易消化的），*combustible*（易燃的），*flexible*（易弯的）（其中 *workable, forgettable* 和 *digestible*，田刚等标出也有 "可……的" 义）。这些词在 *OED* 中都释义为 "capable of being V-*ed* or that can/may be V-*ed*; easy to be V-*ed*"，可见都只含有被动义。根据以上语言事实，可以推测，"easy to be V-*ed*" 只是 "capable of being V-*ed*" 的自然引申；而汉语中的 "易" 只是用来表达 easy 一义，与整个 V-*able* 词的主被动含义并无直接的联系。其中最明显的例子是 *forgettable* 一词，田刚、张贵民（1989）的汉语释义是 "易<u>被</u>忘记的"，这个 "被" 字明确显示，此词带有被动含义。

在英语中，似乎只有少数几个由表示变化的动词派生出来的 V-*able* 词可以真正带有主动的含义，如 *changeable*（易变的），*variable*（易变的），*mutable*（易变的），*corruptible*（易腐败的）（*perishable* 也属于这一类）。Mettinger（1990）认为由不及物动词派生出来的 V-*able* 词带有主动义，因而通常可以译为 "易……的"，该观点主要是基于对这类词的分析。这些词的主动含义在 *OED* 中释义为 "liable to V; readily susceptible or capable of V-*ing*"。同样可以推测，"readily susceptible" 只是 "liable" 的稍加引申，将这些词译为 "易……的" 并不是为了表达主动含义。

其次，V-*able* 词在语义上的复杂性还表现在其表达的不同情态语气。所谓情态，是指说话者对某种情况出现的可能性所作的一种判断（Quirk *et al.*，1985：219）。-*able* 表示的情态意义主要是一般理论上的可能性，即 "can"，或表示实际发生的可能性，即 "may"，因而 V-*able* 词可译为 "可/会……的" 或其他表示这一意义的表达形式。从 "can/may be V-*ed* or V" 到 "can/may easily be V-*ed* or V" 只不过是将这一基本情态意义略作引申。但在某些词中，-*able* 也可以表示必要性或责任，即 "must"，因而带有这一含义的V-*able*词可译为"应……的"，如*payable*（应支付的），*accountable*（应负责的），*answerable*（应负责的），*responsible*（应负责的）等。（个别N-*able*词也可表达这一情态语气，如*dutiable*。）

最后，3.2节中提到，V-*able*词从形态上可分为V#*able*与V+*able*两类。那么，这两类词在语义上有什么区别呢？Aronoff（1976：128）认为，如果英语中存在同一词基派生的一对V-*able*词，一个为V+*able*，另一个为V#*able*，那么总是采用V+*able*形式的那个词，会在语义上偏离严格的语素复合义，产生引申义。这一观点似乎是正确的，但很难用词典的收词与释义情况来验证。例如，在表1.2所列的V#*able*词中，有些没有被*OED, Webster, Random House*等一些大型词典收入；即使收了，也大多以对应的V+*able*词来释义。不过，有时我们也可以从用法举例中看出一些差别。例如，*Webster*将*demonstrable*（V+*able*词）释义为：（a）capable of being demonstrated；（b）apparent, evident, palpable。义项（a）是严格的语素复合义，义项（b）是引申义。虽然*Webster*用demonstrable来释义*demonstratable*（V#*able*词），但是后者通常只有（a）义，而没有（b）义。因此在下面的两个短语中，尽管两词都能用在（2a）中，但只有*demonstrable*能用在（2b）中。当然，要真正验证这一观点，需要有大型的语料库。

（2）a. easily demonstrable/demonstratable aural and visual proof

b. uttering demonstrable/*demonstratable nonsense

4．小结

以上讨论可以得出如下四个结论：

1）Mettinger将V-*able*词的主动或被动含义以及是否能译为"易……的"或"可……的"，与其中的V是及物还是不及物动词联系起来，这一观点无论从共时还是历时的角度来说，都是没有根据的。

2）Aronoff将-able分为+able和#able两个不同的后缀，从英语共时形态分析的角度来说，有其理论和实际需要。但从历时的角度来说，将+able和#able分别视为保留拉丁语特征的后缀和已本土化了的后缀似乎更为恰当。而且，不同X-able词中的-able，其本土化的程度也有差异。例如：extensible中的-ible是完全保留着拉丁语特征的+able；extendable中的-able是已完全本土化了的#able；而extendible中的-ible则介乎两者之间，因为如果它是+able的话，那么它前面的d应变为s，如果它是#able的话，那么它不应该有-ible的形态变体。

3）Aronoff将（N）#able和（V）#able也视为两个不同的后缀。从构词学的角度来说，这是无可非议的，因为一个是加在名词后构成形容词，另一个是加在动词后构成形容词。但从形态学的角度来说，他将N-able中的-able视为#able的理由似乎并不非常充分，他的判断标准只适用于一类N-able词，而不适用于另外两类词。

4）从方法论的角度来说，判断具有同一形式而不同意义的词究竟是同形异词，还是一词多义，通常需要综合考虑词义相差大小及其历史联系，并无统一的标准。同样，要判断具有同一形式而不同含义的词缀是同形异缀，还是一缀多义，除了需要考虑其形态与构词特征之外，也需要考虑语义相差大小以及历史联系。-able的情况较为复杂，而且也还没有一本收词全面的英语逆序词典，可对所有X-able词进行穷尽性的研究。但从（V）+able，（V）#able和（N）#able同出一源，在语义上也有不少联系来看，姑且可以认为，这是同一词缀经过历史演变而形成的现代英语中的三个不同词缀。

这一研究也表明，要对某一语言现象进行对比研究，首先要充分掌握语言材料，其次是要有一个科学合理的分析描述框架，否则得出的结论可能会是错误或片面的。

参考文献

- 陆谷孙. 英汉大词典（缩印本）[M]. 上海：上海译文出版社，1993.

- 田刚，张贵民. 英汉逆序背诵词典 [M]. 上海：学林出版社，1989.

- 许余龙. 对比语言学概论 [M]. 上海：上海外语教育出版社，1992.

- AKMAJIAN A, DEMERS R A, HARNISH R M. Linguistics: An introduction to language and communication [M]. Cambridge: The MIT Press, 1995.

- ALLEN M R. Morphological investigations, doctoral dissertation [D]. Storrs: The University of Connecticut, 1978.

- ARONOFF M. Word formation in generative grammar [M]. Cambridge: The MIT Press, 1976.

- BARNHART R K. The Barnhart dictionary of etymology [M]. New York: The H. W. Wilson Company, 1988.

- BAUER L. Introducing linguistic morphology [M]. Edinburgh: Edinburgh University Press, 1988.

- CHOMSKY N, HALLE M. The sound pattern of English [M]. New York: Harper and Row, 1968.

- FERGUSSON R. The Penguin rhyming dictionary [M]. Harmondsworth: Penguin Books, 1985.

- FLEXNER S B. The Random House dictionary of the English language: Unabridged [M]. 2nd ed. New York: Random House Inc, 1987.

- FROMKIN V, RODMAN R. An introduction to language [M]. 5th ed. New York: Harcourt Brace Jovanovich College Publishers, 1993.

- GOVE P B. Webster's third new international dictionary of the English language: Unabridged [M]. Springfield: Merriam-Webster Inc, 1986.

- JACKSON H. Words and their meaning [M]. London: Longman, 1988.

- KATAMBA F. Morphology [M]. New York: St. Martin's Press, 1993.

- KATAMBA F. English words [M]. London: Routledge, 1994.

- METTINGER A. Comparing the incomparable? English adjectives in-able and their rendering in modern Chinese [M]// FISIAK J. Further insights into contrastive analysis. Amsterdam: John Benjamins Publishing Company, 1990: 423-432.

- ONIONS C T. Oxford dictionary of English etymology [M]. London: Oxford University Press, 1966.

- QUIRK R, LEECH G, GREENBAUM S, STATVIK J. A comprehensive grammar of the English language [M]. London: Longman, 1985.

- SELKIRK E O. The syntax of words [M]. Cambridge: The MIT Press, 1982.

- SIEGEL D. Topics in English morphology, doctoral dissertation [D].

Cambridge: MIT, 1974.

- SIMPSON J A, WEINER E S C. The Oxford English dictionary [M]. 2nd ed. Oxford: Oxford University Press, 1989.

- ULLMANN S. Semantics: An introduction to the science of meaning [M]. Oxford: Basil Blackwell, 1962.

二　名词短语可及性与关系化
——一项类型学视野下的英汉对比研究[2]

1．引言

可及性（accessibility）是一个从心理学中借用来的心理语言学概念，通常是指一个人在说话时，从大脑记忆系统中提取一个语言或记忆单位的便捷程度，因而又可称为便取度。关系化（relativization）又称关系从句建构（relative clause construction/formation），是对某个句法位置上的名词短语所做的一种句法操作。例如，在"我昨天遇到一位老外"这个句子中，如果对宾语名词短语"一位老外"进行关系化操作的话，便可得到"我昨天遇到的（那位）老外"这样的一个关系从句。

语言中各个句法位置上的名词短语所允许的关系化操作遵循某种共性制约，Keenan & Comrie（1977）著名的"名词短语可及性等级序列（Noun Phrase Accessibility Hierarchy，简称NPAH）"便是对这种共性制约提出的一种理论假设。该假设认为，一个句子里，在由名词短语充当的主语（SU）、直接宾语（DO）、间接宾语（IO）、旁语（OBL）、属格名词短语（GEN）和比较宾语（OCOMP）等各类句子成分中，SU比DO具有较高的可及性，DO又比IO具有较高的可及性，以此类推，构成如下一个从左到右依次递减的线性可及性等级

2　原载《外语教学与研究》2012年第5期，643—657页。

序列（见图2.1。图中的"＞"表示"比后一个可及性高"）：

$$SU > DO > IO > OBL > GEN > OCOMP$$

图2.1　名词短语可及性等级序列

　　在进行关系化等句法操作时，位于左边的名词性成分，总是要比位于右边的名词性成分较容易操作；反之则要受到较大限制，甚至完全不可能。这被认为是世界语言的一个共性。

　　NPAH理论一经提出，便受到学界广泛关注。一些学者对NPAH所涉及的主语定义以及关系从句分类等提出了不同看法与改进意见（如Johnson，1977；Maxwell，1979）；另一些学者（如Bock & Warren，1985）从认知的角度论证了概念可及性（conceptual accessibility）与名词短语句法位置之间的关系；还有一些学者对该假设所涉及的主语、宾语等句法成分的普世性，以及名词短语可及性的性质提出了质疑，并提出了与之相对的不同理论假设，如Fox（1987）的通格假设（the absolutive hypothesis）。

　　更多的学者则是从应用语言学、心理语言学和神经语言学的角度，通过实验或测试等手段，来检验NPAH对母语或二语习得与加工的影响（如Keenan & Hawkins，1987；Hawkins，1987；Comrie，2002，2007；Hsiao & Gibson，2003；O'Grady *et al.*，2003；Diessel & Tomasello，2005；Gibson *et al.*，2005；Eckman，2007；Juffs，2007；Ozeki & Shirai，2007；Yip & Matthews，2007；Lin，2008；Ueno & Garnsey，2008；Thomas，2011；蔡金亭、吴一安，2006；李金满、王同顺，2007；蒋秀玲、彭金定，2007；张强、江火，2010；张强、杨亦鸣，2010；周统权等，2010；侯建东，2011；刘涛等，2011；汤春晓、许家金，2011；吴芙芸，2011）。限于实验与测试手段，并出于控制变量的需要，此类研究大多仅考察了NPAH中靠前的几个句法位置（特别是主语和宾语）。

　　然而，该假设所做出的预测是否完全符合各种语言中关系化的语言事实，是否适用于描述某种语言在建构关系从句时所受的制约？对于这一问题本身，学界似乎关注不够，仅有很少几项研究有所涉及，如Tallerman（1990）对威尔士语的研究和Hogbin & Song（2007）对18和20世纪英语小说中关系从句的比较研究。现有一些关于汉语关系从句的研究（如刘丹青，2005；唐正大，2006，2007，2008；徐赳赳，2008）也主要局限于NPAH中位置靠前的几个句法成分。

本文将从语言类型学的视角，采用语法性判断和小说语料，较为全面系统地考察和检验英、汉两种语言在建构关系从句时，是否遵循Keenan & Comrie（1977）所提出的NPAH制约，是否符合与其相关的一些蕴含式语言共性法则。

本项研究所用的英语和汉语语料：

Clavell, J. *Tai-Pan*. New York: Dell Publishing, 1966。

老舍，《骆驼祥子》（第2版），北京：人民文学出版社，1962；老舍，《四世同堂》（第一、二、三部），上海：文汇出版社，2008；马平来，《满树榆钱儿》，北京：人民文学出版社，2011。

2．NPAH及其相关制约

2.1 关系从句的定义

由于不同语言之间在表层语法结构上存在较大差异，为了便于跨语言比较，探讨关系从句的共性特征，Keenan & Comrie（1977：63-64）主要从语义入手来定义关系从句。他们认为，如果一个句法构体分如下两步来具体确定一个实体的集合，那么这个句法构体便是一个关系从句：首先确定一个母集，称为关系化领域（domain of relativization）；然后将其限定为某个子集，使得关于该子集的某个句子（称为限定句）的真值条件义为真，该子集可以仅含单个元素。在表层结构中，关系化领域由一个中心名词[3]来表达；限定句（restricting sentence）由一个限定小句（restricting clause）来表达。例如：

3　Keenan & Comrie（1977：64）将表达关系化领域的*girl*以及关系小句中与被关系化名词短语*her*同指的那个成分都称为"中心名词短语（head NP）"。为了表述得更清楚一些，在此对两者作出如下区分：将表达关系化领域的*girl*称为"中心名词（head noun）"，而将关系小句中与被关系化名词短语*her*同指的那个成分*the girl*称为"中心名词短语（head NP）"。因为*girl*一般表示一个包含所有女孩的大的集合（母集），而*the girl*一般表示该集合中的某个确定的个体（子集）。

（1）the girl (that) John likes

关系化领域是中心名词*girl*表达的一个包含所有女孩的母集。限定句是 *John likes her*；而限定小句是 (*that*) *John likes*。显然，要使 *the girl* (*that*) *John likes* 正确指称某个实体，那么该实体必须首先处于关系化领域中，即必须是中心名词*girl*表达的一个母集中的一个元素；然后必须确定这个母集中的一个子集，使限定句*John likes her*表达的真值条件义为真。在此例中，这个子集仅含单个元素，即John所喜欢的那个女孩。由此可见，在表层句法结构中，一个关系从句由两部分组成，即中心名词短语*the girl*和限定小句(*that*) *John likes*。限定句中与中心名词短语*the girl*同指的*her*称为被关系化的名词短语（简称 NP$_{Rel}$）。

值得注意的是，他们定义的关系从句，与一般语法书（如Quirk *et al.*，1985；Biber *et al.*，1999/2000）中所说的关系从句并不完全相同。一般语法书中所说的关系从句，大致相当于Keenan & Comrie（1977）所说的限定小句。

2.2 关系化策略

Keenan & Comrie（1977）提出NPAH的目的是探讨关系从句的跨语言共性特征，其研究方法是比较关系从句在50来种语言中的句法形式。他们只是关注有定名词短语的限定性关系从句（1977：64），所提出的NPAH表达了简单主句（simplex main clause）中各句法位置上名词短语关系化的相对可及性（1977：66）。

不同语言可以具有不同建构关系从句的方法，同一种语言内部也往往具有一种以上建构关系从句的方法，这些建构关系从句的方法称为关系化策略。不同的关系化策略在用于关系化不同句法位置上的名词短语时，可能会受到不同的制约。Keenan & Comrie（1977：64-66）根据表层结构，主要采用如下两个指标来区分语言中不同的关系化策略：① 中心名词短语与限定小句在表层句法结构中的相对位置；② NP$_{Rel}$的句法位置是否在限定小句中得以明确表达。第一个指标可以根据限定小句是在中心名词短语的前面，还是后面或中间，区分如下三种可能的关系化策略：①前置策略；②后置策略；③内置策略。

第二个指标可以区分两大类关系化策略，即有格（＋case）策略和无格（－case）策略。在采用有格策略构成的关系从句中，限定小句里有一个名词性成分，明确表达NP_{Rel}的句法位置。此类策略又可以分为两小类：一类通过限定小句中关系代词的格标记来表达NP_{Rel}的句法位置，如英语中的 *whose*，或通过介词来表达，如英语中表示与格的 *to*；另一类通过限定小句中的复指代词来表达NP_{Rel}的句法位置。如果限定小句里没有出现一个明确表达NP_{Rel}句法位置的名词性成分，则称为无格策略。

2.3 NPAH 共性制约

Keenan & Comrie（1977：67-68）将与NPAH相关联的语言共性表述为如下两组制约条件。其中，"基本关系化制约"可以从"等级制约"中逻辑推导出来，是"等级制约"更为具体明晰的重新表述。

1）等级制约（Hierarchy Constraints，简称HC）

（1）任何一种语言必须能够关系化主语；

（2）任何一个关系化策略必须应用于NPAH上的一个连续段；

（3）在原则上，可应用于NPAH上某一点的策略会终止应用于任何一个可及性较低的点。

2）基本关系化制约（Primary Relativization Constraints，简称PRC）

（1）任何一种语言必须具有一个基本关系化策略；

（2）如果某种语言中的基本关系化策略可以应用于NPAH上一个可及性较低的句法位置，那么它也能应用于所有较高的句法位置；

（3）基本关系化策略可以终止应用于NPAH上任何一个点。

PRC中的"基本关系化策略"，是指HC1所规定的、任何一种语言都必须有的"能够关系化主语"的策略（Keenan & Comrie，1977：68）。

因此，就基本关系化策略而言，语言之间的共性可以表述为：如果NPAH上一个可及性较低的句法位置可以关系化，那么所有比其高的句法位置都可以关系化，并构成一个连续段；反之，则违背了这一共性规律。

2.4 蕴含共性法则

基于Keenan & Comrie（1977）对关系化策略的定义以及他们的HC和PRC，Hawkins（2007：338）提出了如下更为明晰而可验证的蕴含共性法则（Implicational Generalizations，简称IG）：

1）如果一种语言允许关系化NPAH上一个位置较低的点（无论采用哪种关系化策略），那么该语言也允许关系化所有其他位置较高的点；如果一种语言不能关系化某个句法位置，那么该语言必定具有一条强制性的提升规则，将该句法位置上的名词短语提升到一个较高的句法位置，使其能够关系化。

2）如果一种语言允许采用空位策略关系化NPAH上一个位置较低的点，那么该语言也允许采用该策略关系化所有其他位置较高的点。

3）如果一种语言允许采用复指代词策略关系化NPAH上一个点，那么该语言也允许采用该策略关系化所有其他位置较低的、可以关系化的点。

其中的空位策略，相当于Keenan & Comrie（1977）的无格策略；而复指代词策略，是他们的有格策略中的一种。

3．NPAH与英语关系化

3.1 英语关系化的类型学特征

Keenan & Comrie（1977：76）将英语中的关系化类型学特征描述如下（"＋""－"分别表示该策略一般可以或不可以关系化该句法位置）：

关系化策略	可关系化句法位置					
	SU	DO	IO	OBL	GEN	OCOMP
1）后置，无格	＋	＋	－	－	－	－
2）后置，有格	－	－	＋	＋	＋	＋

图2.2　英语关系化的类型学特征

也就是说，英语主要采用两种后置关系化策略：一种无格；另一种有格。

3.2 英语中的无格和有格策略

Keenan & Comrie（1979）对英语关系化策略的描述只有一小段话。他们（1979：335）认为，"由于在我们熟悉的英语方言中，中心名词短语在限定小句中的句法功能是SU或DO时，所用的关系代词（*who*，*that*，*which*，*?whom*）从来不会专用于两者之一，因此这两个句法功能没有得到明确编码；从而这两个句法位置的关系化采用无格策略"。而其他句法位置上的名词短语在关系化时，要么单个关系代词就能明确编码中心名词短语在限定小句中的句法功能，如*whose*编码GEN，要么限定小句中保留的介词或连词能明确编码中心名词短语在限定小句中的句法功能，如*to (whom)* 编码IO或*than (who)* 编码OCOMP，因此这些句法位置在关系化时采用的是有格策略。无格策略是英语中的基本关系化策略，因为该策略可以关系化主语。

一般认为，关系化在英语中较为容易，NPAH中所有6个句法位置上的名词短语都可以关系化，尽管OCOMP的关系化有些勉强。见下面各例〔除了（2d）之外，其余均引自Corbett，2011：197〕：

（2）a. *The student who is presenting the paper ...*（SU）

b. *The paper which the student presented ...*（DO）

c. *The student to whom I lent the book ...*（IO）

d. *The man towards whom Mary is walking ...*（OBL）

e. *The student whose bike I borrowed ...*（GEN）

f. *The man who Mary is taller than ...*（OCOMP）

本文认为，英语中最典型的无格关系化策略，是单独采用无格关系代词*that*来引导一个限定小句，因为*that*仅用于引导一个限定小句，无格标记，不明确编码NP_{Rel}的句法位置，甚至也不表达中心名词短语是指人还是指物，下面是本文语料中的例子：

（3）a. Then he turned west along the foreshore toward

the crest that came down from the mountain ridge and almost touched the sea.（SU，指物，*Tai-Pan*, p. 72）

b. He had helped in the translating of the Bible into Chinese, and had been one of the teachers in *the English school that the mission had founded*.（DO，指物，*Tai-Pan*, p. 29）

c. But you're *the one that's dead*.（SU，指人，*Tai-Pan*, p. 625）

d. *The man that he had knifed* was howling.（DO，指人，*Tai-Pan*, p. 142）

将*that*视为英语中最典型的无格关系代词的另一个理由是，使用*that*的关系从句在语料中出现得最多。表2.1显示，关系代词*that*共出现218次，其中217（=152＋65）个*that*是单独使用的，占总数的52.2%，超过了一半。

表2.1　英语关系策略在语料中的分布

关系化策略	被关系化句法位置	出现频次	百分比
that	SU	152	52.2%
	DO	65	
介词＋that	OBL	1	0.2%
which	SU	20	5.0%
	DO	1	
介词＋which	OBL	11	2.6%
who	SU	90	21.6%
whom	DO	4	1.0%
介词＋whom	OBL	2	0.5%
whose	GEN	4	1.0%
Ø	DO	62	14.9%
介词＋Ø	OBL	4	1.0%
合计		416	100.0%

Keenan & Comrie（1977：65）给出的英语无格关系代词的例子是*who*，因

为如果单独使用，*who*表达的NP$_{Rel}$句法位置可以是SU，也可以是DO，如：

（4）a. *the girl who likes John*（SU）

　　 b. *the girl who John likes*（DO）

而在语料中出现的90个*who*都是用于关系化SU，如：

（5）*The two men who were unhurt* fled to the bow.（SU，*Tai-Pan*, p.192）

类似的另一个英语无格关系代词是*which*，多用于指物，如

（6）a. He glanced back at *the longboat which was approaching leisurely.*（SU，*Tai-Pan*, p.25）

　　 b. Horatio looked up from *the paper which Longstaff had handed him.*（DO，*Tai-Pan*, p.422）

Keenan & Comrie（1979：335）将*whom*也列为无格关系代词，尽管他们在其前面打上了问号。但是，在本文的语料中，独用的*whom*都用于关系化DO，如：

（7）He remembered the sardonic amusement of most of *the traders and their wives whom he had met.*（DO，*Tai-Pan*, p.276）

英语中的有格关系代词是*whose*，如果单独用于关系化，那就是有格关系化策略，因为明确表达了NP$_{Rel}$是GEN，如：

（8）*Those whose queues were ratty and unkempt* he

passed over.(GEN， *Tai-Pan*, p. 346)

如果限定小句中除了关系代词（无论是有格还是无格的）外，还出现了一个介词或连词，那么这些都是有格关系化策略，因为其中的"介词/连词＋关系代词"明确表达了NP_{Rel}的其他一些句法位置，如：

(9) a. Woman is the yin principle—*the one **to whom** the hunter brings food to be prepared*.(IO， *Tai-Pan*, p. 513)

b. Struan had searched for *the men **whom** Culum and Gorth had been **with** last night*.(OBL，*Tai-Pan*, p. 585)

3.3 英语关系化与语言共性制约

上面对英语关系化的无格和有格策略的分布和使用分析表明，英语中的关系化完全遵循Keenan & Comrie（1977）的HC和PRC共性制约，有格和无格关系化策略大致呈互补分布。具体表现为：① 单独采用无格关系代词*that, who, which*的无格策略能够关系化SU，并且应用于关系化SU和DO这两个句法位置构成的NPAH上的一个连续段，且终止应用于比DO较低的一个点，即IO，因而满足HC1、HC2和HC3；② 英语中的无格关系化策略符合基本关系化策略的定义，因而满足PRC1，其使用特征也满足PRC2和PRC3；③ 英语中的有格关系化策略不能应用于关系化SU这个在NPAH上最高的句法位置，但可以应用于关系化从DO到OCOMP构成的一个连续段，因而满足HC2。也就是说，英语中的这两种关系化策略，完全符合NPAH及两个相关共性原则HC和PRC的预测。但是，图2.2中所示的Keenan & Comrie（1977）对英语关系化的语言类型学整体特征描述似乎需要做如下的微调：

关系化策略	可关系化句法位置
	SU DO IO OBL GEN OCOMP
1）后置，无格	＋　＋　－　－　－　－
2）后置，有格	－　＋　＋　＋　＋　＋

图2.3　修正的英语关系化类型学特征描述

与图2.2相比，图2.3所做的唯一改动是，有格策略可关系化的句法位置从IO提前到DO，因为如例（7）所示，单独使用的宾格关系代词*whom*通常都是关系化DO。

3.4　英语关系化与语言共性法则

Hawkins的IG所关注的是另一种有格和无格的关系化策略分类，即空位策略与复指代词策略的对立：前者是无格策略，后者是有格策略。复指代词在英语关系化中很少使用，在本文的语料中一个也没有出现，因此这里只能用文献中的例句和语感来判断。先看下列各句（其中的"Ø"表示句法操作后残留在原句中的空位。除了10d之外，其余均引自Hawkins，2011：208）：

（10）a. the professor$_i$ [that Ø$_i$ wrote the letter]（SU）

b. the professor$_i$ [that the student knows Ø$_i$]（DO）

c. the professor$_i$ [that the student showed the book to Ø$_i$]（IO）

d. the professor$_i$ [that the student wrote a paper for Ø$_i$]（OBL）

e. the professor$_i$ [that the student knows *his$_i$* son]（GEN）

这些例子似乎表明，英语允许采用空位策略来关系化NPAH中从SU到OBL这一连续段上的句法位置，但在关系化GEN时却不允许，而必须采用复指代词策略。至于在关系化比GEN位置更低的OCOMP时，是否也允许使用复指代词，即下面的例（11）是否合法，这里暂且存疑，因为OCOMP的关系化在许多语言中都不可能，即便在英语中也较为勉强和罕见。因此，一个暂时结论是，英语中的关系化也基本遵守Hawkins的IG2和IG3。

（11）the professor$_i$ [that the student is taller than him_i]

（OCOMP）

4．NPAH与汉语关系化

4.1 汉语关系化的类型学特征

Keenan & Comrie（1977：76）对汉语（北京话口语）中的关系化类型学特征概括如图2.4：

关系化策略	可关系化句法位置					
	SU	DO	IO	OBL	GEN	OCOMP
1）前置，无格	＋	＋	－	－	－	－
2）前置，有格	－	＋	＋	＋	＋	＋

图2.4　汉语关系化的类型学特征

也就是说，与图2.2相比，汉语中的关系化主要有两个不同之处：① 英语采用后置策略，而汉语采用前置策略；② 英语中的有格策略从IO位置开始启用，而汉语从DO开始启用。但是，与本文修正后的图2.3相比，第②点完全相同，英、汉语中的有格策略都从DO开始启用。

4.2 汉语中的无格和有格策略

英汉之间的另一个不同之处是，由于汉语屈折形态变化匮乏，汉语中有格和无格策略之分，主要看是否出现复指代词。因此，无格策略相当于Hawkins

的空位策略；而有格策略主要是指复指代词策略[4]。其中，空位策略是汉语中的基本关系化策略。

下面以Hawkins的"空位策略/复指代词策略"两分法，来检验汉语中的关系化是否遵循Keenan & Comrie的HC和PRC共性制约，以及Hawkins的IG共性法则。

4.3 汉语关系化与语言共性制约和共性法则

将上面例（2）中的各个英语关系从句译为汉语，可以得到：

（12）a. Ø$_i$正在宣读论文的那位学生$_i$……（SU）

b. 那位学生宣读Ø$_i$的那篇论文$_i$……（DO）

c. 我借书给他$_i$的那位学生$_i$……（IO）

d. 玛丽正在向他$_i$走去的那个男人$_i$……（OBL）

e. 我借了他$_i$的自行车的那位学生$_i$……（GEN）

f. 玛丽比他$_i$高的那个男人$_i$……（OCOMP）

如果DO是一个表示人的名词短语，那么还可以有下面一种关系化形式：

（13）昨天张三打了他$_i$一顿的那个孩子$_i$……（DO）

这些例子似乎表明，空位策略和复指代词策略大致呈互补分布。空位策略能够关系化SU，并且应用于关系化SU和DO这两个句法位置构成的NPAH

4　当然，汉语采用介词的策略也是有格策略，但介词大多与复指代词连用。

上的一个连续段，且终止应用于比 DO 较低的一个点，即 IO，因而满足 HC1、HC2 和 HC3；同时也符合基本关系化策略的定义，满足 PRC1、PRC2 和 PRC3。相反，复指代词策略则不能应用于关系化 SU 这个在 NPAH 上最高的句法位置，但可以应用于关系化从 DO 到 OCOMP 构成的一个连续段，因而满足 HC2，同时也遵守 IG2 和 IG3。也就是说，汉语中的这两种关系化策略，似乎完全符合 NPAH 及相关共性原则 HC、PRC 和 IG 的预测。

但是，此类研究中存在的一个问题是，Keenan & Comrie（1977）及其后的一些研究者，几乎都没有进一步区分在关系从句中作为主语修饰语的 GEN 和作为宾语修饰语的 GEN。例如，前面的例（12e）是对如下一句中作为宾语修饰语的 GEN 所进行的关系化。

（14）我借了那位学生的自行车

如果需要将一个句子中作为主语修饰语的 GEN 进行关系化，那么会发现，其所受到的限制会小很多。例如，如果将例（14）改为（15），并将其中作为主语修饰语的 GEN 关系化，那么正如例（16）所示，仍然可以采用汉语的基本关系化策略，即空位策略，而不一定非要采用复指代词策略不可。

（15）那位学生的自行车借了给我
（16）$\emptyset_i$/他$_i$（的）自行车借了给我的那位学生$_i$

（12c）和（12d）中含有两个介词"给"和"向"，造成关系化 IO 和 OBL 困难的其中一个原因或许是在汉语中通常不允许介词流落（preposition stranding），即若出现了介词，则其后必须有填充词，不能留空位。但是，汉语中的 IO 可以不用介词来表达，见例（17）。

（17）张三的爸爸通过李四借了王五 10 块钱

此句含有在NPAH上所有5个位置靠前的句法成分，例（18）是对这些成分分别作关系化操作的结果：

（18）a. $\varnothing_i$ 通过李四借了王五10块钱的那个人$_i$（SU）

b. 张三的爸爸通过李四借了王五$\varnothing_i$的那些钱$_i$（DO）

c. 张三的爸爸通过李四借了他$_i$/*$\varnothing_i$10块钱的那个人$_i$（IO）

d. 张三的爸爸通过他$_i$/*$\varnothing_i$借了王五10块钱的那个人$_i$（OBL）

e. $\varnothing_i$/他$_i$（的）爸爸通过李四借了王五10块钱的那个人$_i$（GEN）

这些例子表明，造成用空位策略关系化IO困难的主要原因并非汉语通常不允许介词流落。这些例子也更清楚地表明，汉语可以采用空位策略来关系化SU和DO，同时也可以跳过IO和OBL，来关系化作为主语修饰语的GEN，从而违反了Keenan & Comrie（1977）的HC2和PRC2，也违反了Hawkins（2007）的IG2和IG3。而Hawkins（2011：210）在采用其标准对Keenan & Comrie（1977）研究的语言进行重新归类时，仍然将汉语与希伯来语、波斯语和汤加语等语言归为一类，认为这些语言在进行关系化操作时，NPAH上的分界点是DO，可及性高于和等于DO的即允许用空位策略，低于DO的则必须用复指代词策略。

要使上列汉语关系从句符合Keenan & Comrie（1977）的HC和PRC，以及Hawkins（2007）的IG，似乎需要将汉语中的GEN区分为如下两个小类：① GEN_{SU}，即作为主语修饰语的GEN；② GEN_{OB}，即作为宾语（包括动词宾语和介词宾语）修饰语的GEN。汉语中的NPAH似乎也需要做如下调整[5]：

$$SU > GEN_{SU} > DO > IO > OBL > GEN_{OB} > OCOMP$$

图2.5　汉语中的NPAH

在包含5部"京味"小说的汉语语料中，笔者按Keenan & Comrie（1977：64）的标准，共找到1,236例有定名词短语的限定性关系从句，其中只有一例采用复指代词策略，其余都采用空位策略，见表2.2。

表2.2　汉语关系化策略在语料中的分布

关系化策略	被关系化句法位置	出现频次	百分比
空位策略	SU	813	65.8%
	DO	401	32.4%
	OBL	14	1.1%
	GEN_{SU}	7	0.6%
复指代词策略	GEN_{OB}	1	0.1%
合计		1,236	100.0%

语料中所有7例关系化GEN_{SU}的从句全部采用空位策略，下面是一些例子：

（19）a. 一个∅$_i$鼻子冻红了的小儿$_i$向铺内探探头，……（GEN_{SU}，《四世同堂：第一部·惶惑》，p.408）

b. 他不主张杀人，而养着∅$_i$手上有血的朋友$_i$；可笑！（GEN_{SU}，《四世同堂：第三部·饥荒》，p.180）

5　本文并未直接证明汉语中GEN_{SU}的可及性高于DO，因为这里修正的汉语中的NPAH与Keenan & Comrie（1977）的NPAH一样，是作为一个理论假设而提出的。将GEN_{SU}排在DO前面的一个依据是，有研究表明（如Jiang，2004：40），汉语中GEN_{SU}的语篇指称可及性高于DO。因此，汉语中GEN_{SU}是否比DO更容易关系化，有待进一步研究。感谢金立鑫教授的提醒。

c. 回到铺中，他把∅ᵢ没有上过几回身的，
∅ᵢ皮板并不十分整齐的狐皮袍ᵢ找了出来。
（GEN_SU，《四世同堂：第二部·偷生》，p.
416）

其中例（19c）含有两个限定小句，NP_Rel在第一个限定小句中是SU，在第二个限定小句中是GEN_SU。此例清楚说明，汉语中的GEN_SU和SU一样，都允许用空位策略关系化。

值得注意的是，GEN表达的领属关系可以分为两种，即不可让渡的领属关系（unalienable possession）和可让渡的领属关系（alienable possession）。前者指身体部位和亲属关系，后者指其他领有物。表达不可让渡领属关系的GEN_SU似乎较容易用空位策略关系化，而且这样的关系从句较为常见，如上面的例（19a）和（19b）。例（19c）中的领属关系似乎也不是典型的可让渡的，因为"狐皮袍"与"皮板"的关系有点像人与身体部位的关系。但是，即便是表达典型的可让渡领属关系的GEN_SU也可以用空位策略关系化；而GEN_OB则不行，必须用复指代词。例如，"张三的"在下面的（20a）和（20b）中分别充当GEN_SU和GEN_OB：

（20）a. 张三的车借给了李四
b. 李四借了张三的车

对这两个GEN进行关系化操作后得到：

（21）a. ∅ᵢ/他ᵢ（的）车借给了李四的那个人ᵢ
（GEN_SU）
b. *李四借了∅ᵢ车的那个人ᵢ（GEN_OB）
c. 李四借了他ᵢ（的）车的那个人ᵢ（GEN_OB）

由此可见，无论是表达不可让渡的还是可让渡的领属关系，也无论汉语的GEN中含不含有"的"字，GEN_{SU}一般都可以用空位策略关系化，而GEN_{OB}则都不可以，都需要用复指代词。本文语料中出现的唯一一个复指代词便是用于关系化GEN_{OB}的：

> （22）屋子当中躺着一个四十多岁的人，大概就是
> 他曾摔在他$_i$身上的那个人$_i$。
> （GEN_{OB}，《四世同堂：第一部·惶惑》，p.
> 444）

同时，上列各例似乎也表明，如果进一步将GEN区分为GEN_{SU}和GEN_{OB}，并将图2.1中Keenan & Comrie（1977）的NPAH调整为图2.5，那么汉语中的关系化也完全遵循Keenan & Comrie的HC和PRC共性制约，空位策略和复指代词策略基本呈互补分布：作为基本关系化策略的空位策略能够关系化从SU到DO这三个句法位置构成的NPAH上的一个连续段，且终止应用于比DO较低的一个点，即IO，因而满足HC1、HC2和HC3，同时也满足PRC1、PRC2和PRC3；复指代词策略一般不用于关系化SU这个在NPAH上最高的句法位置，但可以应用于关系化从GEN_{SU}到OCOMP构成的一个连续段，因而满足HC2，也遵守Hawkins（2007）的IG2和IG3。汉语关系化策略的使用特征可以归纳如图2.6：

关系化策略	可关系化句法位置						
	SU	GEN_{SU}	DO	IO	OBL	GEN_{OB}	OCOMP
1）前置，无格	+	+	+	−	−	−	−
2）前置，有格	−	+	+	+	+	+	+

图2.6　汉语关系化策略使用特征

那么，汉语中的GEN_{SU}和GEN_{OB}在关系化时所表现出来的不对称现象（前者可以用空位策略，而后者必须用复指代词策略）是否在英语中也存在？英语在关系化GEN时，可以采用有格关系代词和"无格关系代词＋复指代词"两

种不同的有格策略，如：

（23）a. the professor$_i$ [*whose* son knows the student]
（GEN$_{SU}$，有格关系代词）

b. the professor$_i$ [*whose* son the student knows]
（GEN$_{OB}$，有格关系代词）

c. the professor$_i$ [*that his$_i$* /*$\emptyset_i$ son knows the student]（GEN$_{SU}$，复指代词）

d. the professor$_i$ [*that* the student knows *his$_i$* /*$\emptyset_i$ son]（GEN$_{OB}$，复指代词，=16e）

这一语言事实表明，英语在关系化GEN$_{SU}$和GEN$_{OB}$时，都只能采用两种有格策略中的一种，而不允许采用无格策略，没有两者之间的不对称现象，因而也无须作出这样的区分。

最后需要指出的是，图2.5表述的汉语关系化策略使用特征，仅适用于OBL及其后位置上的名词短语用于指人的场合（见12d和18d）。汉语很少用代词指物，因此如果OBL位置上的名词短语用于指物，那么要么单独省略复指代词，要么连同介词一起省略。例如，例（24）中省略了单个代词，例（25）中省略了介词加代词"用它"。

（24）我要我做生意用$\emptyset_i$的筐子扁担$_i$！（OBL，《四世同堂：第三部·饥荒》，p.73）

（25）齐月轩愣了愣，这才看到他们身边$\emptyset_i$装野菜的小筐$_i$。（OBL，《满树榆钱儿》，p.105）

由此可见，汉语中指物的OBL用空位策略来关系化是受语义因素的制约，与本文讨论的句法位置可及性没有直接的关系。语料中所有14个OBL位置上的名词短语都是用于指物，关系化时复指代词都被省略[6]。

5. 结语

本文从语言类型学的视角出发，较为全面系统地检验了英、汉两种语言中各句法位置上的名词短语在关系化时，是否遵循Keenan & Comrie（1977）的NPAH理论假设以及相关语言共性规律。

研究表明，就类型学特征而言，尽管英语关系化采用后置策略而汉语采用前置策略，但两者在无格和有格关系化策略的分布上大致相同，即都可以采用作为基本关系化策略的无格策略关系化从SU到DO这一NPAH上的连续段，而在关系化IO及其后的句法位置时，则需要采用有格策略。

英、汉两种语言之间的主要差别表现为，汉语关系化具有主语属格语和宾语属格语之间的不对称现象，而英语则没有。据此，本文提出了GEN_{SU}和GEN_{OB}之分，并修正了汉语关系化中的NPAH排序，认为GEN_{SU}的可及性要高于宾语和旁语。以修正后的NPAH来衡量，英、汉两种语言的关系化都遵循相关语言共性制约。

上述NPAH排序是汉语句法位置可及性的特殊表现，还是不同可及性等级序列（如语法关系、语义角色、生命度、有定性等，见Givón，2001：416）相互作用的结果？是汉语关系化中的特殊表现，还是同样体现在汉语的其他句法操作（如话题化），甚至语篇操作（如语篇回指）中？这些问题仍需进一步探究。

6　同样，如果GEN_{OB}是一个指物的名词短语，关系化时也可省略复指代词，如下面的（b）是对（a）中指物的GEN_{OB}"宝马车"的关系化：
　　a. 张三砸碎了宝马车的挡风玻璃
　　b. 张三砸碎了∅,挡风玻璃的（那辆）宝马车,（GEN_{OB}）

参考文献

- 蔡金亭，吴一安. 从英语关系从句的习得看可及性层级假设 [J]. 现代外语，2006（4）：382-391.

- 侯建东. 可及性和生命性对中国学生习得英语关系从句的影响——基于优选论的分析 [J]. 外语教学与研究，2011（5）：702-711.

- 蒋秀玲，彭金定. AH假设对中国学生习得英语关系从句预测性的实证研究 [J]. 中南大学学报（社会科学版），2007（3）：356-360.

- 李金满，王同顺. 当可及性遇到生命性：中国学习者英语关系从句使用行为研究 [J]. 外语教学与研究，2007（3）：198-205.

- 刘丹青. 汉语关系从句标记类型初探 [J]. 中国语文，2005（1）：3-15.

- 刘涛，周统权，杨亦鸣. 主语关系从句加工优势的普遍性——来自汉语关系从句ERP研究的证据 [J]. 语言科学，2011（1）：1-20.

- 汤春晓，许家金. 中国高中生英语关系从句习得顺序研究——定量定性综合研究视角 [J]. 外语教学与研究，2011（1）：96-108.

- 唐正大. 与关系从句有关的三条语序类型原则 [J]. 中国语文，2006（5）：409-422.

- 唐正大. 关系化对象与关系从句的位置——基于真实语料和类型分析 [J]. 当代语言学，2007（2）：139-150.

- 唐正大. 关中永寿话的关系从句类型 [J]. 方言，2008（3）：244-251.

- 吴芙芸. 试论Hawkins的领域最小化理论于汉语关系从句加工之意义及潜在问题 [J]. 外国语，2011（1）：18-25.

- 徐赳赳. 关系小句的语法和篇章特征分析 [J]. 汉语学习，2008（5）：3-8.

- 张强，江火. 关系从句加工优势及局部句法复杂性解释——以汉语主宾语位置的关系从句加工为例 [J]. 外语研究，2010（6）：19-26.

- 张强，杨亦鸣. 汉语宾语关系从句的加工优势——来自神经电生理学研究的证据 [J]. 语言科学，2010（4）：337-353.

- 周统权，郑伟，舒华，杨亦鸣. 汉语宾语关系从句加工优势论：来自失语症研究的证据 [J]. 语言科学，2010（3）：225-243.

- BIBER D, JOHANSON S, LEECH G, CONRAD S, FINEGAN E. Longman grammar of spoken and written English [M]. Beijing: Foreign Language Teaching and Research Press, 1999/2000.

- BOCK J K, WARREN R K. Conceptual accessibility and syntactic structure in sentence formulation [J]. Cognition, 1985, 21: 47-67.

- COMRIE B, KEENAN E L. Noun phrase accessibility revisited [J]. Language, 1979, 50: 649-664.

- COMRIE B. Typology and language acquisition: The case of relative clauses [M]// RAMAT A G. Typology and second language acquisition. Berlin: Mouton de Gruyter, 2002: 19-37.

- COMRIE B. The acquisition of relative clauses in relation to language typology [J]. Studies in second language acquisition, 2007, 29: 301-309.

- CORBETT G G. Implicational hierarchies [M]// SONG J J. The Oxford handbook of linguistic typology. Oxford: Oxford University Press, 2011: 190-205.

- DIESSEL H, TOMASELLO M. A new look at the acquisition of relative clauses [J]. Language, 2005, 81: 882-906.

- ECKMAN F. Hypotheses and methods in second language acquisition: Testing the noun phrase accessibility hierarchy on relative clauses [J]. Studies in second language acquisition, 2007, 29: 321-327.

- FOX B. The noun phrase accessibility hierarchy reinterpreted: Subject primacy or the absolutive hypothesis? [J]. Language, 1987, 63: 856-870.

- GIBSON E, DESMET T, GRODNER D, WATSON D. Reading relative clauses in English [J]. Cognitive linguistics, 2005, 16: 313-353.

- GIVÓN T. Syntax: An introduction [M]. Vol. I. Amsterdam: John Benjamins, 2001.

- HAWKINS J A. Implicational universals as predictors of language acquisition [J]. Linguistics, 1987, 25: 453-473.

- HAWKINS J A. Acquisition of relative clauses in relation to language universals [J]. Studies in second language acquisition, 2007, 29: 337-344.

- HAWKINS J A. Processing efficiency and complexity in typological patterns [M]// SONG J J. The Oxford handbook of linguistic typology. Oxford: Oxford University Press, 2011: 206-226.

- HOGBIN E, SONG J J. The accessibility hierarchy in relativisation: The case of eighteenth- and twentieth-century written English narrative [J]. SKY journal of linguistics, 2007, 20: 203-233.

- HSIAO F P-F, GIBSON E. Processing relative clauses in Chinese [J]. Cognition, 2003, 90: 3-27.

- JIANG P. Syntactic and discourse features of zero anaphora, doctoral dissertation [D]. Shanghai: Shanghai International Studies University, 2004.

- JOHNSON D E. On Keenan's definition of "subject of" [J]. Linguistic inquiry, 1977, 8: 673-692.

- JUFFS A. Second language acquisition of relative clauses in the languages of East Asia [J]. Studies in second language acquisition, 2007, 29: 361-365.

- KEENAN E, HAWKINS S. The psychological validity of the accessibility hierarchy [M]// KEENAN E. Universal grammar: 15 essays. London:

Croom Helm, 1987: 60-85.

- KEENAN E, COMRIE B. Noun phrase accessibility and universal grammar [J]. Linguistic inquiry, 1977, 8: 63-99.

- KEENAN E, COMRIE B. Data on the noun phrase accessibility hierarchy [J]. Language, 1979, 55: 333-351.

- LIN C-J C. The processing foundation of head-final relative clauses [J]. Language and linguistics, 2008, 9: 813-838.

- MAXWELL D N. Strategies of relativization and NP accessibility [J]. Language, 1979, 55: 352-371.

- O'GRADY W, LEE M, CHOO M. A subject-object asymmetry in the acquisition of relative clauses in Korean as a second language [J]. Studies in second language acquisition, 2003, 25: 433-448.

- OZEKI H, SHIRAI Y. Does the noun phrase accessibility hierarchy predict the difficulty order in the acquisition of Japanese relative clauses ? [J]. Studies in second language acquisition, 2007, 29: 169-196.

- QUIRK R, LEECH G, GREENBAUM S, STATVIK J. A comprehensive grammar of the English language [M]. London: Longman, 1985.

- TALLERMAN M. Relativization strategies: NP accessibility in Welsh [J]. Journal of linguistics, 1990, 26: 291-314.

- THOMAS J A. The relative marker and long distance dependencies in the L2 acquisition of Swahili relative clauses [C]// BOKAMBA E G, SHOSTED R K, AYALEW B T. Selected proceedings of the 40th Annual Conference on African Linguistics. Somerville: Cascadilla Proceedings Project, 2011: 36-52.

- UENO M, GARNSEY S M. An ERP study of the processing of subject and object relative clauses in Japanese [J]. Language and cognitive processes, 2008, 23: 646-688.

- YIP V, MATTHEWS S. Relative clauses in Cantonese-English bilingual children: Typological challenges and processing motivations [J]. Studies in second language acquisition, 2007, 29: 277-300.

三　英汉属格语的句法可及性[7]

1. 引言

许国璋先生生前特别推崇和提倡普遍语法视角下的具体语言研究，因而对《马氏文通》在这方面所做出的开拓性贡献予以高度评价。他指出，曾经有不少学者认为马建忠是把拉丁语法硬搬进来用在汉语语法，其实马氏考虑的是普遍语法原理，不是某种语言的具体语法。即从具体语法看，他倒是处处注意汉语和欧洲语言不同的地方。我们对普遍语法的研究太不够了（许国璋，1986）。

秉承许国璋先生倡导的这一研究理念和旨趣，本文拟从Keenan & Comrie（1977）首先提出、Hawkins（2004，2014）进一步论证的"名词短语可及性等级序列"（Noun Phrase Accessibility Hierarchy，简称NPAH）这一普遍语法理论（跨语言蕴含共性）假设出发，具体探讨英汉属格名词短语（genitive NP，简称"属格语"）在进行关系化、话题化和焦点化的句法操作时，是否遵守Hawkins所归纳的语言共性制约。

7　原载《外语教学与研究》2015年第5期（纪念许国璋先生百年诞辰特刊），695—708页。

2．相关概念

2.1 英、汉语中的属格语

属格语是领属结构中表达领有主体的名词短语，其语法功能是做定语，修饰表达领有客体的中心名词（刘丹青，2013：142）。领有主体和领有客体之间的领属关系通常区分为不可让渡（inalienable）和可让渡（alienable）两大类：前者表示固有的领属关系，如身体部位和亲属关系；后者则表示非固有的领属关系。例如：

（1）a. *John*'s father，*Larry*'s hand；*his* father，*her* hand（不可让渡）

b. *John*'s friend，*Larry*'s bike；*my* friend，*his* bike（可让渡）

（2）a. 张三的父亲，李四的手；他的父亲，她的手（不可让渡）

b. 张三的朋友，李四的自行车；我的朋友，他的自行车（可让渡）

根据中心名词在小句中的语法功能，属格语又可分为主语属格语（GEN_{SU}）和宾语属格语（GEN_{OB}）。例如：

（3）a. *Larry*'s bike was smashed by John（GEN_{SU}）

b. 李四的自行车被张三砸坏了（GEN_{SU}）

（4）a. John smashed *Larry*'s bike（GEN_{OB}）

b. 张三砸坏了李四的自行车（GEN_{OB}）

2.2 关系化、话题化和焦点化

关系化、话题化和焦点化都是对某一句法位置上的一个名词短语所做的句法操作。例如，汉语的例（6）、（7）和（8）分别是对例（5）中的主语"张三"和宾语"李四"进行关系化、话题化和焦点化句法操作的结果（其中的"Ø"或"他"分别表示句法操作后残留在原句中的空位或复指代词，具有相同下标的词语表示同指）。

（5）张三昨天打了李四

（6）a. $\emptyset_i$ 昨天打了李四的那个人$_i$（关系化主语"张三"）

b. 张三昨天打（了）$\emptyset_i$/他$_i$的那个人$_i$（关系化宾语"李四"）

（7）a. 张三$_i$（啊），$\emptyset_i$昨天打了李四（话题化主语"张三"）

b. 李四$_i$（啊），张三昨天打了$\emptyset_i$/他$_i$（话题化宾语"李四"）

（8）a. 是张三$_i$，$\emptyset_i$昨天打了李四（焦点化主语"张三"）

b. 是李四$_i$，张三昨天打了$\emptyset_i$/他$_i$（焦点化宾语"李四"）

c. $\emptyset_i$昨天打了李四的那个人$_i$/$\emptyset_i$是张三$_i$（焦点化主语"张三"）[8]

d. 张三昨天打了$\emptyset_i$/他$_i$的那个人$_i$/$\emptyset_i$是李四$_i$（焦点化宾语"李四"）

---

8 在（8c）和（8d）两句中，"是"之前的部分实际上是Keenan & Comrie（1976）所定义的一个关系从句。如果其中的中心名词短语"那个人"省略（即如果"是"之前是一个空位"Ø"），那么便是一个无头关系从句（headless relative clause）。

3. 问题的提出

3.1 关系化与NPAH

语言中各个句法位置上的名词短语所允许的关系化操作遵循某种普遍语法原则，Keenan & Comrie（1977）的NPAH便是对这种普遍语法原则提出的一种理论假设。该假设认为，一个句子里，在由名词短语充当的主语（SU）、直接宾语（DO）、间接宾语（IO）、旁语（OBL）、属格语（GEN）和比较宾语（OCOMP）等各类句子成分中，SU比DO可及性高，DO又比IO可及性高，以此类推，构成如图3.1所示的一个从左到右依次递减的线性可及性等级序列（其中的 ">" 表示 "比后一个可及性高"）：

SU > DO > IO > OBL > GEN > OCOMP

图3.1 名词短语可及性等级序列（NPAH）

在进行关系化等句法操作时，位于左边的名词性成分，总是要比位于右边的名词性成分具有较大的适宜性；反之则要受到较大的限制，甚至完全不可能。这被认为是世界语言在进行关系化操作时所共同遵循的一条普遍规律，也是用于解释人类语言中合法关系从句分布的一个理论假设。

Keenan & Comrie（1977：88）进一步假设，NPAH具有心理现实性，即名词短语可及性等级序列直接反映了各句法位置上的名词短语在语言理解时的心理难易程度，但他们并未对此加以论证。

Hawkins（2004，2014）的研究则进了一步。他从 "运用–语法对应假设"（Performance-Grammar Correspondence Hypothesis，简称PGCH）出发，具体论证了NPAH在语言加工处理过程中的心理现实性，提出了各句法位置上的名词短语在关系化时的处理复杂度计算方法。PGCH认为，语料中的句型选择偏好和心理语言学中的加工难易程度研究都有证据表明，不同语言的语法系统都具有约定俗成的句法结构，这些结构对应于其在语言运用中的优先选用程度（Hawkins，2004：3，2014：3）。就语言中的关系化而言，不同句法位置上的名词短语在进行关系化操作时的难易程度，可以通过计算在句法加工时所必须处理的最小"填充词-空位域"（Filler-Gap Domain，简称FGD）的大小来确定。与名词短语句法操作相关的FGD定义如下（根据Hawkins，2004：175，2014：174中的定义简化）：

填充词-空位域是在空位确认和加工处理时必须经过的路径中，由受填充词的母节统治的终端和非终端节点所构成的最小集合；就由次范畴化而来的空位而言，该路径将填充词连接到一个与其同标的次范畴指派词，因而包含了（或扩展到）空位所依存的次范畴指派词指派的其他论元。

所谓"次范畴指派词"（subcategorizer）是指动词（V）、介词（P）和属格标记（Poss）等一类可以指派论元的词或语素。Hawkins认为，动词可以将与其相邻的名词短语指派为主语、直接宾语或间接宾语，介词可指派间接宾语或旁语，属格标记可指派属格语。

基于以上定义，Hawkins进一步提出了最小FGD的计算方法，计算出NPAH中各句法位置上的名词短语在关系化时所必须处理的节点数。比如，如果最简单的关系从句用图3.2来表示（根据Hawkins，2004：178上的7.10略作改动，其中每一短语中直接成分的语序未定。N_i表示关系从句中的中心名词，即关系结构中的填充词，在关系从句加工时需将其与关系小句中一个与其具有相同下标的次范畴指派词相连接。NP_{SU}和NP_{DO}等，以及N_{SU}和N_{DO}等，分别表示SU，DO，IO，OBL，GEN_{SU}，GEN_{DO}，GEN_{IO}，GEN_{OBL}等句法位置上的名词短语，以及其中的中心名词），那么，各句法位置上的名词短语在关系化时所必须处理的节点数及计算方法则如表3.1所示（根据Hawkins，2004：179中的7.11略作改动，其中V_i，P_i，$Poss_{SU_i}$等表示关系小句中与填充词同指的动词、介词、主语位置上的属格标记等相关次范畴指派词，"RQ"表示"需要包括"，即FGD定义中的"或扩展到"）。

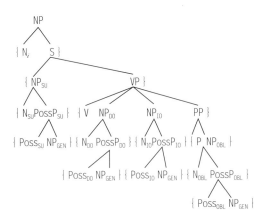

图3.2 最简关系从句结构图

表3.1 各句法位置上名词短语关系化的最小FGD值及所含节点

最小FGD值	包含节点
SU = 5	{N_i, NP, V_i, VP, S}
DO = 7	{N_i, NP, V_i, VP, NP_{SU}, N_{SU}, S} (RQ SU)
IO = 9	{N_i, NP, V_i, VP, NP_{SU}, N_{SU}, NP_{DO}, N_{DO}, S} (RQ DO & SU)
OBL = 9	{N_i, NP, P_i, PP, NP_{SU}, N_{SU}, V, VP, S} (RQ SU)
GEN_{SU} = 9	{N_i, NP, $Poss_{SUi}$, $PossP_{SU}$, NP_{SU}, N_{SU}, V, VP, S}
GEN_{DO} = 11	{N_i, NP, $Poss_{DOi}$, $PossP_{DO}$, NP_{SU}, N_{SU}, NP_{DO}, N_{DO}, V, VP, S} (RQ SU)
GEN_{IO} = 13	{N_i, NP, $Poss_{IOi}$, $PossP_{IO}$, NP_{SU}, N_{SU}, NP_{DO}, N_{DO}, NP_{IO}, N_{IO}, V, VP, S} (RQ DO & SU)
GEN_{OBL} = 13	{N_i, NP, $Poss_{OBLi}$, $PossP_{OBL}$, NP_{SU}, N_{SU}, NP_{OBL}, N_{OBL}, PP, P, V, VP, S} (RQ SU)

上面提到的图3.2中"每一短语中直接成分的语序未定"这一点很重要，因为世界上不同语言的基本语序有很大差异。比如，就关系从句中的中心名词N_i与关系小句S的相对语序而言，英语是N_i在前，S在后，如图3.2表面上所显示的顺序那样；而汉语则刚好相反，是S在前，N_i在后。上述规定使图3.2所示的最简关系从句结构具有跨语言普遍性，即在这一结构中，每一短语中直接成分的实际语序并未确定，视语言而异。

表3.1中所列各最小FGD值反映了各句法位置上的名词短语在关系化时的处理复杂度：FGD值越大，说明处理复杂度越高，难度越大，可及性越低；FGD值越小，说明处理越容易，可及性越高。因此，根据上列最小FGD值，

Hawkins（2004：177）将NPAH重新归纳如下：

SU > DO > IO/OBL > GEN

图3.3　Hawkins论证和重新归纳的NPAH

这一排列顺序完全依据各句法位置上名词短语的最小FGD值的大小，最左边的SU最小为5，以后依次递增，从而为Keenan & Comrie（1977）的NPAH提供了理论上的支撑。其中IO和OBL的最小FGD值相同，因而在图3.3中合并在一起；OCOMP没有包括在内，因为OCOMP在不同语言中的表达差异较大，Keenan和Comrie也没有为其提供系统的语料数据；GEN排在最后，因为GEN_{SU}，GEN_{DO}，GEN_{IO}，GEN_{OBL}的综合最小FGD值最大。

依据最小FGD值来确定NPAH的一个好处是，这一标准具有更大的跨语言可比性，可以更全面地检验NPAH的跨语言普遍性。这是因为，Keenan & Comrie（1977）所说的有格和无格两大类关系化策略之间的对立，在汉语等一些没有关系代词的语言中，仅体现为复指代词和空位策略的对立。而最小FGD值所反映的正是在理解关系从句时，大脑必须处理的从中心名词N_i（即填充词）到可以确定空位的形态语法和语义特征的次范畴指派词之间所包含的节点数。其理据是，要理解关系从句，必须建立起填充词与空位之间的依存关系。例如，在从左到右在线处理例（9）这样的英语关系从句[9]时，首先进入处理器的是NP中的"the man"，此时填充词N_i "man"的语法功能还不能确定；随后进入处理器的是NP_{SU} "John"，此时填充词的语法功能仍不能确定；直到处理到VP中与填充词同标的V_i "saw"时，才能确定填充词的语法功能是关系小句S中的直接宾语。因此，大脑在确定填充词与空位之间依存关系的过程中，必须处理的节点为7个，这便是关系化DO的最小FGD。

（9）［the man　John　　saw　∅ ］（is his teacher）

　　　［　N_i　［［N_{SU}］NP_{SU}　［V_i］$_{VP}$ ］$_S$ ］$_{NP}$

9　从句下面标注的是与图3.2中对应的一些节点，下同。

值得注意的是，FGD定义中的"或扩展到"和表3.1在具体计算最小FGD值时的"RQ"（需要包括）这一规定很重要，因为与例（9）对应的汉语关系从句例（10）是S在前，N_i在后，并具有SVO基本语序，连接填充词N_i到一个与其同标的次范畴指派词V_i的路径中并不包含NP_{SU}。

（10）［小明　　　看见Ø的　那个男人］（是他的老师）

$$[[[\text{N}_{SU}]\text{NP}_{SU}[\quad \text{V}_i \quad]_{VP}]_S \quad \text{N}_i]_{NP}$$

但是，在从左到右在线处理这一关系从句时，首先进入处理器的仍然是NP_{SU}"小明"。因此，在这种情况下，FGD需要"扩展到"次范畴指派词V_i指派的另一个论元，即SU；在具体计算所包含的节点时也"需要包括"SU。

另一点需要指出的是，Hawkins在图3.3中归纳的NPAH排序在一定程度上仅适用于像英语那样，关系从句中的N_i在前、S在后并具有SVO语序的一类语言，因为在这类语言中，关系化SU时，在从N_i到与其同标的次范畴指派词V_i的路径中并不包含DO，而且处理器在处理到次范畴指派词V_i时，就能确定填充词的语法功能是关系小句S中的SU，无须"扩展到"DO，如例（11）中的man，因此英语在关系化SU时的最小FGD值是5：

（11）［the boy that Ø saw　the man　　　　　］（is a school pupil）

$$[\quad \text{N}_i[\quad[\quad \text{V}_i[\quad \text{N}_{DO}]\text{NP}_{DO}]_{VP}]_S]_{NP}$$

但是在汉语中，如果V_i有另一个论元DO的话，那么在关系化SU时，从N_i到V_i的路径中则包含了DO，如例（12）中的"小明"：

（12）［Ø看见　小明　　　的　那个男人］（是他的老师）

$$[[[\quad \text{V}_i[\quad \text{N}_{DO}]\text{NP}_{DO}]_{VP}]_S \quad \text{N}_i]_{NP}$$

在这种情况下，汉语在关系化SU时的最小FGD值与关系化DO一样，都是7，汉语中的NPAH似乎也需做如图3.4的微调：

$$SU/DO > IO/OBL > GEN$$

图3.4　汉语含有DO句子关系化时的NPAH

此时，汉语在进行关系化操作时，SU和DO的可及性相同。这或许可部分解释为什么国内外对汉语主、宾语关系化的比较研究中会得出两种截然相反的结果：一些研究得出结论认为，SU可及性高，与宾语关系从句相比，主语关系从句具有加工优势（如Lin，2008；Lin & Bever，2011；Packard *et al.*，2011；刘涛等，2011）；而另一些研究结果却显示，DO可及性高，宾语关系从句比主语关系从句容易加工（如Su *et al.*，2007；Chen *et al.*，2008；Lin & Garnsey，2011；Gibson & Wu，2013；陈宝国、宁爱华，2008；周统权等，2010；张强、杨亦鸣，2010）。同时，这也说明，真正具有跨语言普遍性的或许是FGD定义及其计算方法，而具体的NPAH可能在各语言中由于其特有的其他语法特征而略有不同，但根据FGD定义及其计算方法所确定的NPAH仍具有跨语言共性。

Hawkins认为，NPAH的跨语言理论预测是，在一种语言中，如果NPAH上一个可及性较低的名词短语用无格空位来关系化是合法的，那么所有比其可及性高的名词短语用无格空位来关系化也都是合法的；如果NPAH上一个可及性较高的名词短语用复指代词来关系化是合法的，那么所有比其可及性低的名词短语用复指代词来关系化也都是合法的。世界上的语言在关系化时，虽然无格空位（下面在不发生混淆的情况下简称为"空位"）与复指代词之间在NPAH上的具体切分点（cut-off point）位置不同，但都需遵循上述共性制约。表3.2列出了一些代表性语言在NPAH上的切分点（选自Hawkins，2014：23，表2.1）。

表3.2　一些语言关系化时在NPAH上的切分点

语言	SU	DO	IO/OBL	GEN
阿拉伯语	空位	复指代词	复指代词	复指代词
基里巴斯语	空位	复指代词	复指代词	复指代词

语言	SU	DO	IO/OBL	GEN
波斯语	空位	空位/复指代词	复指代词	复指代词
希伯来语	空位	空位/复指代词	复指代词	复指代词
希腊语	空位	空位	复指代词	复指代词
威尔士语	空位	空位	复指代词	复指代词
豪萨语	空位	空位	空位/复指代词	复指代词
修纳语	空位	空位	空位/复指代词	复指代词
朝鲜语	空位	空位	空位	复指代词
土耳其语	空位	空位	空位	复指代词

表3.2显示，阿拉伯语和基里巴斯语的切分点在DO上，比DO可及性高的SU可以用空位策略来关系化，但DO以及比DO可及性低的IO/OBL和GEN都必须用复指代词；希腊语和威尔士语的切分点在IO/OBL上，比IO/OBL可及性高的SU和DO可以用空位来关系化，但IO/OBL和比IO/OBL可及性低的GEN都必须用复指代词；波斯语和希伯来语的情况与阿拉伯语和基里巴斯语有些相似，切分点也在DO上，所不同的是DO有时可以用空位，有时却需要用复指代词。

在Hawkins（2014：23）的表2.1中，汉语（北京话）也被列为与波斯语和希伯来语同一类型的语言。下面将以Hawkins重新归纳和阐释的NPAH普遍语法理论假设为共同参照点，来具体考察英汉属格语的关系化。

3.2 英汉属格语关系化与NPAH

首先来看英语中的情况。先看英语中的关系化是否在整体上符合上面图3.3中Hawkins论证和重新归纳的NPAH的预测。

Hawkins（2014：22）用例（13）来说明，英语各句法位置上的名词短语在关系化时遵循NPAH共性原则（为了与FGD定义和最小FGD值的计算方法一致，原例中填充词与空位或复指代词之间的同标，改为填充词与空位或复指代词的次范畴指派词同标，没有出现次范畴指派词的d句则保持原样）：

（13）a. the professor$_i$ [that Ø wrote$_i$ the letter]（SU，

空位）

b. the professor$_i$ [that the student knows$_i$ Ø]
（DO，空位）

c. the professor$_i$ [that the student showed the book to$_i$ Ø]（IO/OBL，有格空位）

d. the professor$_i$ [that the student knows his$_i$ /*Ø$_i$ son]（GEN$_{DO}$，复指代词）

其中，（无格）空位和有格空位的区别是，像由 write 和 know 这样的及物动词充当的次范畴指派词，可以将与其临近的名词短语或空位指派为主格（SU），也可以指派为宾格（DO），因此是无格标记的；而介词 to 充当次范畴指派词时，只能将与其临近的名词短语或空位指派为旁格（即介词宾语），做句中的 IO 或 OBL，因此是有格的。例（13）表明，英语中 DO 的可及性比 SU 低，DO 采用空位来关系化合乎语法，那么比其可及性高的 SU 用空位来关系化也确实是合法的。而比 DO 可及性低的 IO/OBL 和 GEN$_{DO}$ 则不能用空位来关系化，只能用有格空位或复指代词来关系化。这说明，英语中的关系化在整体上符合 NPAH 的理论预测。

由于本文主要关注的是英汉主、宾语位置上的属格语在句法操作时所表现出的可及性，下面再来比较例（14）中两句关系化 GEN$_{SU}$ 和 GEN$_{DO}$ 的英语关系从句，其中（14b）=（13d）。

（14）a. the professor$_i$ [that his$_i$ /*Ø$_i$ son read the book]（GEN$_{SU}$，复指代词）

b. the professor$_i$ [that the student knows his$_i$ /*Ø$_i$ son]（GEN$_{DO}$，复指代词）

根据表 3.1 中的最小 FGD 值，GEN$_{SU}$ 的可及性虽然比 GEN$_{DO}$ 高，但仍然达不到可以用空位来关系化的 DO 的水平，因此也只能采用复指代词策略来关系化。

例（15）列出了与例（13）和（14）中英语句子相对应的汉语句子：

（15）a. [Ø 写ᵢ信的] 那位教授ᵢ（SU，空位）

b. [学生认识ᵢØ 的] 那位教授ᵢ（DO，空位）

c. [学生给ᵢ他看书的] 那位教授ᵢ（IO/OBL，复指代词）

d. [Øᵢ儿子读过那本书的] 那位教授ᵢ（GEN_SU，空位）

e. [学生认识他ᵢ的/*Øᵢ儿子的] 那位教授ᵢ（GEN_DO，复指代词）

例（15）显示，汉语在整体上似乎并不完全遵守 NPAH 共性制约：汉语可以采用空位策略来关系化 SU 和 DO，同时也可以跳过 IO/OBL，用空位策略来关系化 GEN_SU，从而违反了 NPAH 的理论预测。

就汉语中主、宾语位置上的属格语而言，主语位置上的属格语 GEN_SU 与宾语（包括直接宾语、间接宾语和旁语）位置上的属格语 GEN_OB 之间，在进行关系化操作时表现出不对称的现象：GEN_SU 可以采用空位策略，而 GEN_OB 则不可以。许余龙（2012）的初步语料分析也显示，在语料中出现的 1,236 例汉语关系从句中，7 例关系化 GEN_SU 的关系从句全部采用空位策略，而唯一一例关系化 GEN_OB 的关系从句则采用复指代词策略。英语中却没有这种不对称的现象，如例（14）所示，英语在关系化 GEN_SU 和 GEN_DO 时，都必须使用复指代词策略。

那么，在进行另外两种句法操作，即话题化和焦点化操作时，英汉两种语言是否同样存在这种差异？下面将采用语法性判断的方法探讨这一问题，对宾语属格语 GEN_OB 的讨论主要以 GEN_DO 为代表，因为根据表 3.1 中的最小 FGD 值，GEN_DO 比 GEN_IO 和 GEN_OBL 的可及性高，如果 GEN_DO 不能用空位策略来关系化，那么 GEN_IO 和 GEN_OBL 更不可能用空位策略来关系化。

4. 英、汉语中属格语的话题化

4.1 英语属格语的话题化

先来看英语中表达不可让渡领属关系的属格语的话题化。例（16）中的两个句子基本语义相同，所不同的是：在（16a）中，John是GEN_{SU}，Larry是GEN_{OB}；而在（16b）中，Larry是GEN_{SU}，John是GEN_{OB}。例（17）和（18）是分别对（16a）和（16b）两句中的John和Larry所做的话题化操作。

> （16）a. John's son broke Larry's arm in a fight
>
> b. Larry's arm was broken by John's son in a fight
>
> （17）a. John$_i$, *his$_i$* /*$\emptyset_i$ son broke Larry's arm in a fight （GEN_{SU}）
>
> b. Larry$_i$, John's son broke *his$_i$* /*$\emptyset_i$ arm in a fight （GEN_{OB}）
>
> （18）a. Larry$_i$, *his$_i$* /*$\emptyset_i$ arm was broken by John's son in a fight（GEN_{SU}）
>
> b. John$_i$, Larry's arm was broken by *his$_i$* /*$\emptyset_i$ son in a fight（GEN_{OB}）

再来看英语中表达可让渡领属关系的属格语的话题化。同样，例（19）中两句的基本语义相同，例（20）和（21）是分别对（19a）和（19b）两句中的John和Larry所做的话题化操作。

> （19）a. John's friend smashed Larry's mobile phone in a rage
>
> b. Larry's mobile phone was smashed by John's friend in a rage
>
> （20）a. John$_i$, *his$_i$* /*$\emptyset_i$ friend smashed Larry's mobile

phone in a rage（GEN$_{SU}$）

b. Larry$_i$, John's friend smashed *his$_i$/*Ø$_i$* mobile

phone in a rage（GEN$_{OB}$）

（21）a. Larry$_i$, *his$_i$/*Ø$_i$* mobile phone was smashed by

John's friend in a rage（GEN$_{SU}$）

b. John$_i$, Larry's mobile phone was smashed by

his$_i$/*Ø$_i$ friend in a rage（GEN$_{OB}$）

上面的例子表明，与关系化一样，英语中的属格语无论是表达可让渡还是不可让渡的领属关系，在话题化时都只能采用复指代词，不能采用空位，因而不存在两者之间的不对称现象。

4.2 汉语属格语的话题化

同样，先来看汉语中表达不可让渡领属关系的属格语的话题化。例（22）中两句的基本语义相同，所不同的是：在（22a）中，"张三"是GEN$_{SU}$，"李四"是GEN$_{OB}$；而在（22b）中，"李四"是GEN$_{SU}$，"张三"是GEN$_{OB}$。例（23）和（24）是分别对（22a）和（22b）两句中的"张三"和"李四"所做的话题化操作。

（22）a. 张三的儿子在打斗中打断了李四的胳膊

b. 李四的胳膊在打斗中被张三的儿子打断了

（23）a. 张三$_i$（啊），<u>Ø$_i$</u>/<u>他$_i$</u>的儿子在打斗中打

断了李四的胳膊（GEN$_{SU}$）

b. 李四$_i$（啊），张三的儿子在打斗中打断了

*<u>Ø$_i$</u>/<u>他$_i$</u>的胳膊（GEN$_{OB}$）

（24）a. 李四$_i$（啊），<u>Ø$_i$</u>/<u>他$_i$</u>的胳膊在打斗中被

张三的儿子打断了（GEN$_{SU}$）

b. 张三$_i$（啊），李四的胳膊在打斗中被*<u>Ø$_i$</u>/

他$_i$的儿子打断了（GEN$_{OB}$）

再看汉语中表达可让渡领属关系的属格语的话题化。例（25）中两句的基本语义相同，例（26）和（27）是分别对（25a）和（25b）两句中的"张三"和"李四"所做的话题化操作。

（25）a. 张三的朋友一怒之下砸了李四的手机

b. 李四的手机被张三的朋友一怒之下砸了

（26）a. 张三$_i$（啊），?$\emptyset_i$／他$_i$的朋友一怒之下砸了李四的手机（GEN$_{SU}$）

b. 李四$_i$（啊），张三的朋友一怒之下砸了*$\emptyset_i$／他$_i$的手机（GEN$_{OB}$）

（27）a. 李四$_i$（啊），$\emptyset_i$／他$_i$的手机被张三的朋友一怒之下砸了（GEN$_{SU}$）

b. 张三$_i$（啊），李四的手机被*$\emptyset_i$／他$_i$的朋友一怒之下砸了（GEN$_{OB}$）

上面的例子表明，与关系化一样，汉语中的属格语无论是表达可让渡还是不可让渡的领属关系，在话题化时同样表现出GEN$_{SU}$和GEN$_{OB}$之间的不对称现象：在对GEN$_{SU}$话题化时，可以采用空位策略；而对GENO$_B$话题化时，只能采用复指代词策略，不能采用空位策略。例（26a）中使用空位策略来话题化GEN$_{SU}$虽然有些勉强，但通常要比例（26b）用空位来话题化GEN$_{OB}$更容易被接受。究其原因，一个人的朋友一般不止一个，用空位后"朋友"的指称不太明确，影响了话题与评论之间的关联解读[10]。

5．英、汉语中属格语的焦点化

5.1 英语属格语的焦点化

英语书面语中显性的焦点化可以采用两种不同的句法手段，一种是采用分裂句（cleft sentence）句式，另一种是采用准分裂句（pseudo-cleft sentence）句式。由于英语很难采用准分裂句来焦点化属格名词短语（Quirk *et al.*，1985：1388），因此例（28）和（29）是采用分裂句式分别对例（16）两句中表达不可让渡领属关系的属格语的焦点化。

（28）a. it was John$_i$ that *his$_i$*/*$\emptyset_i$ son broke Larry's arm in a fight（GEN$_{SU}$）

　　　b. it was John$_i$ *whose$_i$* son broke Larry's arm in a fight（GEN$_{SU}$）

---

10 如果中心名词在上下文中的指称明确，话题与评论之间的关联容易解读，那么有时GEN$_{OB}$也可以用空位来话题化，如（引自陆烁、潘海华，2014：17）：

　　a. 卧室$_i$，我重新修了$\emptyset_i$地板。

当然，此句可以用空位的另一个重要原因是，汉语很少用代词来指称无生命的事物，试比较：

　　b.？卧室$_i$，我重新修了它$_i$的地板。

为了避免这一因素的干扰，本文所有相关例句中出现的GEN都是表示人的名词短语，句子结构就名词短语而言也体现了Hawkins所说的"最小FGD值"。

陆烁、潘海华（2014：17）援引张敏（2009）的如下一个句子似乎表明，表示人的GEN$_{OB}$有时也可以用空位来话题化：

　　c. 那个女孩$_i$，我剪了$\emptyset_i$辫子。

但是，这样的句子一般用在对举的语境中才能接受，如：

　　d. 这个女孩$_i$，我撕了$\emptyset_i$袖口。

　　e. 那个女孩$_i$，我剪了$\emptyset_i$辫子。

通过对举可以使很多通常不能接受的汉语句子变得可以接受。如果（c）是一句孤立的话题句，那么似乎就很难接受，如：

　　f.？李娜$_i$，我剪了$\emptyset_i$辫子。

通常要说成：

　　g. 李娜$_i$（啊），我剪了她$_i$的辫子。

c. it was Larry$_i$ that John's son broke *his$_i$/*Ø$_i$* arm in a fight （GEN$_{OB}$）

d. it was Larry$_i$ *whose$_i$* arm John's son broke in a fight （GEN$_{OB}$）

（29）a. it was Larry$_i$ that *his$_i$/*Ø$_i$* arm was broken by John's son in a fight （GEN$_{SU}$）

b. it was Larry$_i$ *whose$_i$* arm was broken by John's son in a fight （GEN$_{SU}$）

c. it was John$_i$ that Larry's arm was broken by *his$_i$/*Ø$_i$* son in a fight （GEN$_{OB}$）

d. it was John$_i$ by *whose$_i$* son Larry's arm was broken in a fight （GEN$_{OB}$）

同样，例（30）和（31）是采用分裂句式分别对例（19）两句中表达可让渡领属关系的属格语的焦点化。

（30）a. it was John$_i$ that *his$_i$/*Ø$_i$* friend smashed Larry's mobile phone in a rage （GEN$_{SU}$）

b. it was John$_i$ *whose$_i$* friend smashed Larry's mobile phone in a rage （GEN$_{SU}$）

c. it was Larry$_i$ that John's friend smashed *his$_i$/*Ø$_i$* mobile phone in a rage （GEN$_{OB}$）

d. it was Larry$_i$ *whose$_i$* mobile phone John's friend smashed in a rage （GEN$_{OB}$）

（31）a. it was Larry$_i$ that *his$_i$/*Ø$_i$* mobile phone was smashed by John's friend in a rage （GEN$_{SU}$）

b. it was Larry$_i$ *whose$_i$* mobile phone was smashed by John's friend in a rage （GEN$_{SU}$）

c. it was John$_i$ that Larry's mobile phone was smashed by *his$_i$*/*Ø$_i$* friend in a rage（GEN$_{OB}$）

d. it was John$_i$ by *whose$_i$* friend Larry's mobile phone was smashed in a rage（GEN$_{OB}$）

这些例子同样显示，与关系化和话题化一样，英语中的属格语无论是表达可让渡还是不可让渡的领属关系，在焦点化时都只能采用有格策略（即使用有格关系代词whose或复指代词his），不能采用空位策略，因而不存在GENS$_U$和GEN$_{OB}$之间的不对称现象。

5.2 汉语属格语的焦点化

再看汉语中的焦点化。汉语可以采用类似于英语中的分裂句和准分裂句的句式，将某一句法位置上的名词短语焦点化。例（32）和（33）是采用类似于英语中的分裂句式分别对例（22）两句中表达不可让渡领属关系的属格语"张三"和"李四"所做的焦点化操作。

（32）a. 是张三$_i$Ø$_i$/他$_i$的儿子在打斗中打断了李四的胳膊（GEN$_{SU}$）

b. 是李四$_i$张三的儿子在打斗中打断了*Ø$_i$/他$_i$的胳膊（GEN$_{OB}$）

（33）a. 是李四$_i$Ø$_i$/他$_i$的胳膊在打斗中被张三的儿子打断了（GEN$_{SU}$）

b. 是张三$_i$李四的胳膊在打斗中被*Ø$_i$/他$_i$的儿子打断了（GEN$_{OB}$）

例（34）和（35）是采用类似于英语的准分裂句式分别对例（22）两句中的"张三"和"李四"所做的焦点化操作。

（34）a. $\emptyset_i$/他$_i$的儿子在打斗中打断了李四的胳膊的那个人/$\emptyset_i$是张三$_i$（GEN$_{SU}$）

b. 张三的儿子在打斗中打断了*$\emptyset_i$/他$_i$的胳膊的那个人/$\emptyset_i$是李四$_i$（GEN$_{OB}$）

（35）a. $\emptyset_i$/他$_i$的胳膊在打斗中被张三的儿子打断了的那个人/$\emptyset_i$是李四$_i$（GEN$_{SU}$）

b. 李四的胳膊在打斗中被*$\emptyset_i$/他$_i$的儿子打断了的那个人/$\emptyset_i$是张三$_i$（GEN$_{OB}$）

再看汉语中表达可让渡领属关系的属格语的焦点化。例（36）和（37）是采用类似于英语的分裂句式分别对例（25）两句中的"张三"和"李四"所做的焦点化操作。

（36）a. 是张三$_i$?$\emptyset_i$/他$_i$的朋友一怒之下砸了李四的手机（GEN$_{SU}$）

b. 是李四$_i$张三的朋友一怒之下砸了*$\emptyset_i$/他$_i$的手机（GEN$_{OB}$）

（37）a. 是李四$_i$$\emptyset_i$/他$_i$的手机被张三的朋友一怒之下砸了（GEN$_{SU}$）

b. 是张三$_i$李四的手机被*$\emptyset_i$/他$_i$的朋友一怒之下砸了（GEN$_{OB}$）

例（38）和（39）是采用类似于英语的准分裂句式分别对例（25）两句中的"张三"和"李四"所做的焦点化操作。

（38）a. ?$\emptyset_i$/他$_i$的朋友一怒之下砸了李四的手机的那个人/$\emptyset_i$是张三$_i$（GEN$_{SU}$）

b. 张三的朋友一怒之下砸了*$\emptyset_i$/他$_i$的手机

的那个人 /∅$_i$ 是李四 $_i$ （GEN$_{OB}$）

（39）a. ∅$_i$/他$_i$的手机被张三的朋友一怒之下砸了
的那个人 /∅$_i$ 是李四 $_i$ （GEN$_{SU}$）

b. 李四的手机被 *∅$_i$/他$_i$的朋友一怒之下砸
了的那个人 /∅$_i$ 是张三 $_i$ （GEN$_{OB}$）

上面的例子表明，与关系化和话题化一样，汉语中的属格语无论是表达可让渡还是不可让渡的领属关系，在焦点化时也同样表现出 GEN$_{SU}$ 和 GEN$_{OB}$ 之间的不对称现象：在对 GEN$_{SU}$ 焦点化时，可以采用空位策略；而在对 GEN$_{OB}$ 焦点化时，只能采用复指代词策略，不能采用空位策略。例（36a）和（38a）用空位策略焦点化不太容易接受的理由与例（26a）相同，但同样要比采用空位的例（36b）和（38b）好得多。

6．结语

本文从普遍语法的理论视角出发，探讨了英汉属格语的句法可及性。初步研究结果显示，在对表达可让渡或不可让渡领属关系的属格语进行关系化、话题化和焦点化这三类句法操作时，英汉两种语言呈现出如下主要差异：英语对 GEN$_{SU}$ 和 GEN$_{OB}$ 进行句法操作时，都必须采用有格策略，即要么采用有格标记的关系代词或有格空位，要么采用复指代词，因此不存在两者之间的不对称现象；而汉语在进行相应句法操作时，则存在两者之间的不对称现象，即总的来说，对 GENS$_{U}$ 所做的句法操作一般都可以采用空位策略，而对 GEN$_{OB}$ 所做的句法操作则通常必须采用复指代词策略，而不能采用空位策略。

这一结果表明，汉语属格语的句法可及性并不完全符合 Hawkins（2004，2014）论证和归纳的 NPAH 的理论预测。这究竟是汉语语法的特殊性所致，还是 NPAH 理论本身需要完善，有待进一步研究。

参考文献

- 陈宝国，宁爱华. 汉语主语和宾语关系从句加工难度的比较[J]. 应用心理学, 2008 (1): 29-34.

- 刘丹青. 汉语方言领属结构的语法库藏类型[M]// 戴耀晶. 语言研究集刊第十辑. 上海: 上海辞书出版社, 2013: 141-161.

- 刘涛，周统权，杨亦鸣. 主语关系从句加工优势的普遍性——来自汉语关系从句ERP研究的证据[J]. 语言科学, 2011(1): 1-20.

- 陆烁，潘海华. 汉语领属话题结构的允准条件[J]. 当代语言学, 2014(1): 15-30.

- 许国璋. 论语法[J]. 外语教学与研究, 1986(1): 1-10.

- 许余龙. 名词短语的可及性与关系化—— 一项类型学视野下的英汉对比研究[J]. 外语教学与研究, 2012(5): 642-657.

- 张敏. 汉语话题化结构限制中的邻接条件：认知处理角度的论证[J]. 语言学论丛, 2009, 39: 522-572.

- 张强，杨亦鸣. 汉语宾语关系从句的加工优势——来自神经电生理学研究的证据[J]. 语言科学, 2010(4): 337-353.

- 周统权，郑伟，舒华，杨亦鸣. 汉语宾语关系从句加工优势论：来自失语症研究的证据[J]. 语言科学, 2010(3): 225-243.

- CHEN B, NING A, BI H, DUNLAP S. Chinese subject-relative clauses are more difficult to process than the object-relative clauses [J]. Acta psychologica, 2008, 129: 61-65.

- GIBSON E, WU H-H I. Processing Chinese relative clauses in context [J]. Language and cognitive processes, 2013, 28: 125-155.

- HAWKINS J A. Efficiency and complexity in grammars [M]. Oxford: Oxford University Press, 2004.

- HAWKINS J A. Cross-Linguistic variation and efficiency [M]. Oxford: Oxford University Press, 2014.

- KEENAN E L, COMRIE B. Noun phrase accessibility and universal grammar [J]. Linguistic inquiry, 1977, 8: 63-99.

- LIN C-J C. The processing foundation of head-final relative clauses [J]. Language and linguistics, 2008, 9: 813-838.

- LIN C-J C, BEVER T G. Garden path and the comprehension of head-final relative clauses [M]// YAMASHITA H, HIROSE Y, PACKARD J L. Processing and producing head-final structures. New York: Springer, 2011: 277-297.

- LIN Y B, GARNSEY M. Animacy and the resolution of temporary ambiguity in relative clause comprehension in Mandarin [M]// YAMASHITA H, HIROSE Y, PACKARD J L. Processing and producing head-final structures. New York: Springer, 2011: 241-276.

- PACKARD J L, YE Z, ZHOU X. Filler-gap processing in mandarin relative clauses: Evidence from event-related potentials [M]//

YAMASHITA H, HIROSE Y, PACKARD J L. Processing and producing head-final structures. New York: Springer, 2011: 219-240.

- QUIRK R, LEECH G, GREENBAUM S, STATVIK J. A comprehensive grammar of the English language [M]. London: Longman, 1985.

- SU Y-C, LEE S-E, CHUNG Y-M. Asyntactic thematic role assignment by Mandarin aphasics: A test of the trace deletion hypothesis and the double dependency hypothesis [J]. Brain and language, 2007, 101: 1-18.

四　汉语主从句间的回指问题[11]

1. 引言

广义的回指可包括名词、动词、名词短语和动词短语的回指，以及语句回指和语篇回指。本文所要讨论的是汉语中的名词短语回指，以下简称回指。

回指是近三四十年来语言学研究的一个热点。研究者从句法学、语义学、语用学、语篇分析和篇章语言学、文体学、语言类型学和语言普遍现象研究、语言习得和语言教学等不同角度对语言中的回指现象进行了广泛的研究。这一现象引起众多研究者的关注，主要有两个原因。

首先，回指具有形式方面的丰富特征，不同类型的回指受各种句法结构条件的制约。回指的这一特征吸引了许多形式派的研究者，特别是生成学派的研究者。比如，在早期的转换生成语法模式中，一些研究者制订了诸如等同名词短语删除规则（equi-NP deletion）和代词化规则（pronominalization）等句法规则，并规定了应用这些规则的句法结构制约条件（Lees & Klima，1963；Langacker，1969；Ross，1969），以解释语言中的一些回指现象。在后来的管约理论（Government and Binding Theory）框架中，回指的使用条件主要阐述如何对不同类型的指称词语的分布加以结构上的限制。在这一框架中，anaphor

---

11 原载《当代语言学》2003年第2期，97—107页。

这一术语仅指一些在管辖语域受到约束的照应词语，如反身代词和相互代词，是一种狭义的用法，与本文的用法不同。

其次，回指具有重要的篇章组织功能，可以使篇章中的句子构成一个有机的整体。因而，一些功能派的研究者对此做了大量的研究。比如，Halliday & Hasan（1976）在"衔接（cohesion）"理论框架中讨论的照应、替代、省略和词汇等几种衔接手段都涉及（广义）回指问题。Givón（1983），Haiman & Thompson（1988）等人讨论的"主题接续（topic continuity）"和"小句组合（clause combining）"也都涉及回指现象。

尽管已有大量的文献讨论语言中的回指现象，但是回指的某些性质与特征似乎仍不够清楚，有待于进一步探讨。特别是，由于形式派和篇章功能派的研究者通常都是将小句作为分析的基本单位，对于主从复合句中主句与从句之间的回指现象，似乎重视不够，因而，本文将着重讨论汉语主从复合句中不同回指类型的使用及其理解。笔者认为，先行语的主题性（topicality）和回指语表达的可及性（accessibility）是理解回指的两个最重要的表层语言线索。本文将讨论主题性与可及性之间是如何相互作用、共同影响回指的使用并使其得到所期待的理解的。同时，由于回指的使用受很多因素的制约，讨论还将涉及其他一些句法、语义、语用和认知因素对回指理解的影响。上述讨论将以实际使用的书面语分析为基础，语料选自香港理工大学中文及双语学系建立的报刊语料库。

2．主题性与回指

2.1 主题的识别

一般认为，在主题显著的汉语中，最容易识别的小句结构关系是主题（又称"话题"）与述题（又称"评论"），而不是主语与谓语，而且主题在汉语的篇章组织中起着非常重要的作用。然而，对于如何识别篇章中一个小句的主题，似乎尚未有一个公认的准则。Li & Thompson（1976，1981）和 Tsao（1979）是最先试图通过系统地检验主题与主语在句子和篇章中的作用及特点，来区分这两个概念的学者。他们所采用的一个基本策略是，只要一个谓语动词前的名词短语与谓语构成"做（doing）"或"是（being）"的关系，那么这个名词短语便可确认为主语；否则便是主题。因而，在下面例（1）中，"鼻子"是主语，因为它与"长"的关系是"是"的关系；"象"则是主题：

（1）象鼻子长。

其结果是，能确认为主题的小句成分，主要局限于那些与谓语动词只有含糊的"关涉（aboutness）"关系的句首名词短语，或者是那些主题化了的名词短语。这一分析方法似乎有着广泛的影响。

例如，黄衍在运用Levinson（1987，1991）的新格莱斯（neo-Gricean）语用学理论框架分析汉语回指现象的一篇论文中指出，下面例（2a）中的零形代词"Ø"和（2b）中的代词"他"都与句子的主题"小华"同指，因为"小华"作为句子主题，是句中理解"Ø"和"他"的最显著相关的一个名词短语（Huang，1991：325）：

（2）a. 小华，小明一进屋，Ø就把门关上了。

b. 小华，小明一进屋，他就把门关上了。

我完全同意他的分析。但是，在下面的例（3）中，他将句（a）中的"Ø"和句（b）中的"他"与"老李"之间最可能的同指关系，归因于句（a）和（b）中两小句之间密切的因果语义关系。他认为（Huang，1991：326），根据Levinson（1987），这一语义关系"倾向于产生'与前一小句相同的施事/受事'效应"。

（3）a. 老李因为病了，所以Ø不能来。

b. 老李因为病了，所以他不能来。

或许他认为，例（3a）和（3b）中的"老李"是主语，而不是主题，因为它无论与原因从句中的谓语"病了"，还是主句中的谓语"不能来"，都构成"做"或"是"的关系。我则认为，这两个句子中的"老李"仍是整个句子的主题，因而对确定（3a）中的"Ø"和（3b）中"他"的指称，起到了关键的作用，其作用比他所说的"小句间紧密的语义联系"更重要。假如两句的结构改变为下面的例（4a）和（4b），那么，正如所附的英译所暗示，句中的"Ø"和"他"可以与"老李"同指，也可以与"老李"之外的其他人同指：

（4）a. 因为老李病了，所以 Ø 不能来。

Because Li$_1$ is ill, (he$_{1/2}$/she$_{1/2}$/I/we/they) cannot come.

b. 因为老李病了，所以他不能来。

Because Li$_1$ is ill, (he$_{1/2}$) cannot come.

这是因为，在例（4a）和（4b）的句子结构中，虽然仍存在着与例（3a）和（3b）中同样的"小句间紧密的语义联系"，但是"老李"已不再是整个句子的主题，而只是原因小句的主题。因而，"'与前一小句相同的施事/受事'效应"在（4a）和（4b）中大大削弱了。由此可见，在汉语主从复合句回指的理解中，主题的影响通常要大于"小句间紧密的语义联系"。

在主语和主题的识别问题上，与大多数功能主义研究者（Halliday，1985；Tsao，1990；Chu，1998：246）一样，我的观点是：① 主语和主题分属语言描述中两个不同层面上的结构成分，前者是小句作为一个语法结构中的单位，后者是小句作为一个传递信息的话语功能结构（大致相当于Halliday的主述结构）中的单位，因此两者不应该放在同一层面上进行分析。② 在对一个具体句子的分析中，主题与主语并不相互排斥，话语功能结构中的主题也可以是语法结构中的主语，反之亦然。我还认为，汉语缺乏类似主谓一致的形式标志来明确标示主语，却可以通过用"啊（呀）""呢""么""吧"等停顿助词来明确标示主题。这说明，在汉语的小句组织结构中，话语功能结构比语法结构更受到重视，也较容易分析（这正是主题显著语言的特点）。而且，篇章中句子主题的选择体现了作者的篇章组织意图，特别是反映了篇章各句中所讲述的话语主题的承接与转换，因而与篇章回指的关系比主语更为密切相关。

因此，就话语功能结构来说，例（1）的主述题结构可分析为图4.1，或其简化式图4.2（许余龙，1984，1989；其中S＝句子／小句，T＝主题，C＝述题）。

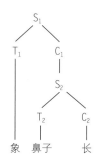

图4.1　例（1）的主述题结构

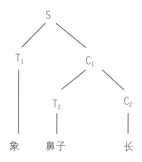

图4.2　例（1）主述题结构的简式分析

同样，例（3a）和（3b）中的"老李"也是全句的主题，它同时也是句子语法结构中的主语。篇章中句子主题识别的原则可以表述为（许余龙，1996）：

在句子中，动词前任何一个表示句中述谓结构所描述的动作过程中的一个参与者（即某个具体或抽象的认知实体）的名词短语，都是句中的一个主题。

这一主题概念对句中回指的理解具有重要的影响。

2.2 主题与主从句间的回指

最简单的汉语主从复合句由一句主句和一句从句构成。从句可以位于主句之前，也可以在主句之后。但主句之后的从句所表达的通常是对主句陈述内容的一种事后补充（Chao，1968：115），因而下面的讨论暂不考虑这种情况。

汉语主从复合句的一个特殊之处是，从属连词可以位于主语名词之前，也可以在主语名词之后。句中能否出现零形代词（Ø），以及零形回指和代词回指出现的频率，在很大程度上取决于从属连词的位置。例如，黄正德在分析下面例（5）中的一组句子（他的原例是126—129，其中表示不合乎语法的星号*为原有符号）时认为，（a）（b）（d）中的Ø是pro（Huang，1982：Section 5.4.2；黄正德，1983：150）。而根据pro脱落参数，pro要求有一个最小的SUBJECT（即在结构上最近的主语或表达主谓一致的AGR）来识别它，也就是说与其同指，具有相同的下标。由于（5b）和（5a）中的"张三"成分统制和弱成分统制[12]句中的Ø，因而这两个句子中的Ø可以识别为"张三"，这两个句子也因此是合乎语法的。而（5d）中的"张三"却不能弱成分统制Ø，因为它不受状语从句的最高节点的管辖，因而Ø不能识别，这个句子也就不合语法了。如果（5d）中的Ø换成代词"他"，那么句子就合乎语法了，因为词汇性代词不要求在句中有一个识别成分。

（5）a. 张三$_i$虽然没有空，Ø$_i$还是来了。

b. Ø$_i$虽然没有空，张三$_i$还是来了。

c. 虽然张三$_i$没有空，他$_i$还是来了。

d. *虽然张三$_i$没有空，Ø$_i$还是来了。

本文暂时不考虑例（5b）中的情况。因为在篇章中，这类句子里的Ø通常不仅与其后面主句中的主语同指，而且也与前面提到的某个名词短语同

---

12 弱成分统制定义为："A弱成分统制B，当，且仅当，直接管辖A的节结成分统制B。"（黄正德，1983：150，其中的逗号为笔者添加）

指。这类句子中主句的主语位置上的名词往往用于重新确认（reidentification）（Bolinger，1979：298；Li，1985：32）。例（5a）和（5d）的区别在于，从属连词"虽然"在前者中位于主语"张三"的后面，而在后者中位于"张三"的前面。（5d）中的"张三"显然是状语从句中的主语，根据2.1节中表述的篇章中句子主题的识别原则，"张三"也是从句的主题。（5a）中的"张三"究竟是从句的主语还是全句的主语却不够清楚。Chao（1968：114）曾说过，主从复合句中的从属连词"可以出现在从句主语的后面"。由此看来，他认为（5a）中的"张三"是从句的主语。黄正德的上述句法结构分析似乎也以此为依据。我则认为，（5a）中的"张三"是全句的主题，而不仅仅是从句的主题。例（5a）和（5d）具有如下图4.3和图4.4所示的不同主述题结构：

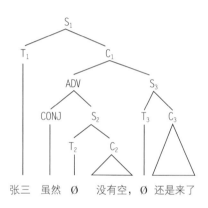

图4.3　例（5a）的主述题结构

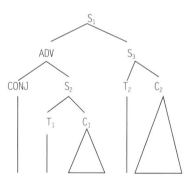

图4.4　例（5d）的主述题结构

如图4.3所示，例（5a）中的"张三"是全句的主题（T_1），其述题（C_1）包含两个小句S_2和S_3。而图4.4显示，例（5d）中的"张三"只是状语从句S_2的主题，其述题（C_1）为"没有空"。有理由相信，如同句法结构中的主语一样，通常在句子的主述题结构中，占据显著结构位置的主题控制其结构范围内的回指，van Hoek（1997：Chap. 3）称之为回指理解的参照点（reference point）。由于图4.3中的"张三"是全句的主题，它控制了T_2和T_3位置上的两个Ø的指称。而图4.4中的"张三"只是S_2的主题，无法控制其结构范围之外的T_2上Ø的指称。

在具有图4.3和图4.4结构的主从复合句中，如果需要确定主题位置上的名词短语之间的指称关系，那么可以区分如下四种可能具有的类型：① 它们之间同指，第一个名词短语在从属连词之后（简称CA型）；② 它们之间同指，第一个名词短语在从属连词之前（简称CB型）；③ 它们之间异指，第一个名词短语在从属连词之后（简称DA型）；④ 它们之间异指，第一个名词短语在从属连词之前（简称DB型）。这四种指称关系类型的基本结构如下[13]：

1）CA型：CONJ $NP1_i$ ..., $NP2_i$ ...

2）CB型：$NP1_i$ CONJ ..., $NP2_i$ ...

3）DA型：CONJ $NP1_i$ ..., $NP2_j$ ...

4）DB型：$NP1_i$ CONJ ..., $NP2_j$ ...

上面的讨论中提到，当NP1位于从属连词之前的时候，它控制了NP2的指称。在此结构中，当NP2是一个零形代词，或是一个与NP1在人称、数、性等方面一致的代词时，NP2强烈倾向于与NP1同指。因此，当需要表达同指时，CB型结构将会是优先采用的结构。相反，如果需要表达的是异指，那么DA型结构将是最佳结构，因为在这一结构中，从句中的NP1在结构上不能控制主句中NP2的指称，不易于使人觉得它们之间会有同指关系。因此，可以将主从句

---

13 其中，下标表示名词短语之间的同指或异指关系，NP后的数字表示名词短语在句子中出现的先后次序。由于图4.3结构中从属连词后的Ø必须与"张三"同指，因而略去不做讨论。在下面的讨论中，NP2将总是指主句中主题位置上的名词短语。

间优先选用的指称模式表述为如下假设：

假设1：在其他所有条件相同的情况下，如果希望表达主从句主题位置上的名词短语同指，那么CB型结构将是优先选用的结构；而如果希望表达它们之间异指，那么DA型结构将是优先选用的结构。

3. 可及性与回指

从上面的讨论中我们可以看到，主题性是与一个名词短语在句子（小句）话语功能结构中的位置相关的一种属性，是与先行语相联系的一种表层语言标记手段。它在回指理解中的重要作用表现为：它将句中的（主要）主题，标示为句中同现的回指语的优先选用的先行语。说话者或作者（简称说话者）可以采用这一标记手段来提示所希望表达的名词短语之间的指称关系，而听话者或读者（简称听话者）则可赖以理解期待的指称关系。

说话者用以提示所希望表达的指称关系的另一个手段是可及性（accessibility），听话者同样也可将其用于理解期待的指称关系。可及性是与回指语相联系的一种表层语言标记手段。在Xu（1984: 89）中，笔者曾指出，在一段主要关于某个指称对象的篇章中，指称对象的引入和回指常常采用如图4.5的模式：

不定名词短语→（指示词＋名词短语）→代词→Ø

图4.5 指称对象在篇章中引入和回指的惯用语言形式

也就是说，"不同的指称表达手段具有不同程度的标记性"。当一个指称对象第一次引进篇章时，说话者会用一个标记性程度高的指称词语来指称它，以便能准确无误地说明它是什么；而当这个指称对象已确立为篇章的谈论对象时，则会用标记性程度低的指称词语来指称它。从听话者的角度来说，一个标记性程度高的指称词语表明，其指称对象在篇章语境中不易找到；而一个标记性低的指称词语则暗示，其指称对象很容易找到。

篇章回指的这一特征在Ariel（1990）中得到了更为系统的阐述。在这一专著中，她提出了一个旨在解释语言中回指现象的可及性理论（accessibility theory）。她认为，标记性程度高的指称词语，包括专有名词和有定描述语，是低可及性标示语（low accessibility markers），因为它们所指的对象可及性低，不易在篇章语境中找到，听话者通常要在他们脑海里储存的百科知识中搜索，才能找出所指的对象。相反，标记性低的指称词语，包括零形代词和第三人称代词，是高可及性标示语（high accessibility markers），因为它们所指称的对象可及性高，通常是在篇章语境中刚刚提到，仍然停留在听话者的短时记忆（short-term memory）中。介于两者之间的是中可及性标示语（intermediate accessibility markers），包括第一、第二人称代词和指示词语，这些词语在口头交际中典型地用于指称交际情景中存在的一些实体。

可及性是一个认知心理概念，是指一个人在说话或听话时，从大脑记忆系统中提取一个语言或记忆单位的便捷程度。Ariel 所说的可及性是指说话者在需要指称某一事物时，通过采用某种形式的指称词语，向听话者所表达的这个指称对象在大脑记忆系统中的可及程度。这是一种与回指语相联系的名词短语的篇章语义属性，是由名词短语本身的形式决定和表达的。可及性的高低遵循如下三个编码原则：① 信息量，即一个名词短语形式表达的（词汇）信息越多，其编码为低可及性标示语的可能性越大；② 确定性，即一个名词短语形式越是能确定无疑地指称某一实体，其编码为低可及性标示语的可能性越大；③ 简略度，即一个名词短语形式简略程度越高，其编码为高可及性标示语的可能性越大。这三者既有联系又有区别（Ariel，1990：80-82，1994：32-33）。因而，有理由相信，作为一个可及性标示语，零形代词比（第三人称）代词标示的可及性高，虽然 Ariel 将两者都列为高可及性标示语（关于英汉指称词语在表达可及性方面的差别，见许余龙，2000）。因为，零形代词比代词表达的信息量低，指称的确定性也低（一些代词有性和数的差别，至少在这两方面有确定性），而简略程度高。

在篇章中，说话者选用什么形式的名词短语，即哪一类可及性标示语，主要是由作为先行语的名词短语的显著性以及先行语与回指语之间的篇章间隔距

四　汉语主从句间的回指问题

离决定的[14]。在其他条件相同的情况下，一个在句子的话语功能结构或篇章的层次结构中占据较显著结构位置的名词短语，其所指称的实体具有较高的可及性，因为在篇章理解过程中，听话者对这样的实体较为重视，有较大的可能将其作为理解在该结构中其他名词短语的参照点。一个在篇章的线性结构上离回指语较近的名词短语所指称的实体也具有较高可及性，因为在篇章理解过程中，当处理到回指语的时候，前面离它较近的名词短语刚处理过，其所指的实体很可能还留在短时记忆中。

就2.2节中讨论的汉语主从复合句的四种指称类型来说，由于CB型结构中的NP1占据了比NP2显著的结构位置，而CA型结构中的NP1并没有这一结构上的显著性，所以在篇章理解过程中，当处理到NP2的时候，CB型结构中NP1所指的实体要比CA型结构中NP1所指的实体可及性高。由此可以推测，在CB型结构的NP2位置上，使用一个表达较高可及性的标示语的可能性，要比CA型结构中的NP2高。具体来说，CB型结构中的NP2采用零形代词的可能性要比CA型结构中的NP2高。

从篇章线性结构来说，在上述所有四种指称类型中，如果NP1与NP2同指的话，先行语与回指语之间的篇章间隔距离，可以用NP1与NP2之间相隔的词语数来衡量。虽然NP1离NP2的距离在CA型结构中要比在CB结构中近，但是由于这一距离只是一个词（从属连词）的差别，所以可以认为，其影响要小于结构显著性，并在一定程度上被结构显著性撤销。这样，本文关于主从句间优先选用的指称模式的第二个假设可以表述为：

假设2：在其他所有条件相同的情况下，零形回指将是CB型结构的常规回指形式，而在CA型结构中的使用频率相对较低。

---

14 Ariel（1990：28-29）列出的另外两个因素是竞争力和一致性。但是正如她（1990：28）指出的，显著性较高的名词短语，具有较高的成为先行语的竞争力。一致性则是指先行语是否与回指语同处于一个相同的认知心理框架/世界/观点/篇章片段或段落。在书面语篇章中，这一概念有时与篇章间隔距离相联系。而且这里讨论的是主从复合句中的回指现象，主句与从句之间都具有密切的语义联系，一致性的影响不大，因而也暂不讨论。

4．数据分析

4.1 数据收集和分析的方法

为了验证上述假设，本文对2.2节中所列的四种指称类型在实际篇章中的分布进行了数据分析。所用的篇章语料全部采用香港理工大学中文及双语学系建立的中文报刊计算机语料库首期语料。语料系统选取了我国有代表性的报纸，收集了其中有关政治、民生（包括教育、福利、服务、医疗、交通等）、财经、体育、文化、娱乐等内容的连贯文章，每篇约600字，共含有约85.5万汉字。

本文选择了四个典型的从属连词，即"因为""由于""虽然"和"尽管"，进行调查，将这些词作为关键词，用索引软件从语料库中将含有这些词的句子全部列出来（这些词用作介词的句子不计）。然后分别统计具有上述四种指称类型的句子数量。如果是同指，则另外统计了NP2为零形代词的CA和CB型句子的数量。由于在指称中最为明确的情况是指称对象为人，因此含有人称指称的句子单独作了统计。

4.2 数据统计结果与分析

语料库中共出现687个相关的句子，其中160句涉及人称指称。总体数据统计分析支持本文的两个假设。

先来看上述四种指称类型的分布。表4.1列出了四种指称类型在总体语料中的分布，表4.2列出了分布的统计分析。

表4.1　四种指称类型在总体语料中的分布

从属连词	指称类型						总计
	同指			异指			
	CA型	CB型	小计	DA型	DB型	小计	
因为	1	29	30	26	0	26	56
由于	10	83	93	281	1	282	375
虽然	20	86	106	111	18	129	235

从属连词	指称类型						总计
	同指			异指			
	CA型	CB型	小计	DA型	DB型	小计	
尽管	2	6	8	13	0	13	21
总计	33	204	237	431	19	450	687

表4.2　四种指称类型在总体语料中的统计分析

从属连词位置	指称类型		总计
	同指	异指	
NP1在从属连词之后	CA型 33 (13.9%)	DA型 431 (95.8%)	464 (67.5%)
NP1在从属连词之前	CB型 204 (86.1%)	DB型 19 (4.2%)	223 (32.5%)
总计	237 (100.0%)	450 (100.0%)	687 (100.0%)

从表4.2中可以看到，在主从句主题位置上的名词短语同指的237例中，NP1在从属连词之前的CB型句子有204例，占86.1%；而在异指的450例中，NP1在从属连词之后的DA型句子有431例，占95.8%。这说明，在希望表达主从句主题位置上的名词短语同指时，CB型结构是优先选用的结构；而在希望表达异指时，DA型结构是优先选用的结构。这与假设1完全相符。将统计结果用SPSS 10.0 for windows数据分析软件进行分析，结果为$\chi^2 = 474.429$，$df = 1$，$p < .001$，表明上述差异具有非常显著的统计学意义。

表4.3列出了四种指称类型在含有人称指称的语料中的统计分析，数据分析结果同样表明这些差异具有非常显著的统计学意义，完全支持2.2节中提出的假设1。

表4.3　四种指称类型在含有人称指称的语料中的统计分析

		指称类型		总计
		同指	异指	
从属连词位置	NP1在从属连词之后	CA型 19 (16.0%)	DA型 35 (85.4%)	54 (33.75%)
	NP1在从属连词之前	CB型 100 (84.0%)	DB型 6 (14.6%)	106 (66.25%)
	总计	119 (100.0%)	41 (100.0%)	160 (100.0%)

再来看不同结构中零形回指的使用情况。表4.4列出了在表达同指时，零形回指分别在CA和CB型结构中所占的百分比。从表4.4的"总计"中可以看到，在总体语料中，91.2%具有CB型结构的句子使用了零形回指；而使用零形回指的CA型句子的比例只有57.6%。同样，在所有含有人称指称的句子中，90.0%的CB型句子使用了零形回指；而使用零形回指的CA型句子只占52.6%。这表明，零形回指是CB型句子的常规回指形式。这一结果支持第3节中提出的假设2。

表4.4　零形回指在CA和CB型结构中所占的百分比

从属连词	结构类型	在总体语料中			在含有人称指称的语料中		
		同指总次数	零形回指次数	百分比	同指总次数	零形回指次数	百分比
因为	CA	1	1	100.0%	1	1	100.0%
	CB	29	28	96.6%	20	19	95.0%
由于	CA	10	6	60.0%	6	4	66.7%
	CB	83	81	97.6%	39	37	94.9%
虽然	CA	20	10	50.0%	12	5	41.7%
	CB	86	71	82.6%	38	31	81.6%
尽管	CA	2	2	100.0%	0	0	
	CB	6	6	100.0%	3	3	100.0%
总计	CA	33	19	57.6%	19	10	52.6%
	CB	204	186	91.2%	100	90	90.0%

不过，这里必须回答，为什么零形回指在CA型句子中出现的频率也相当高——在总体语料中达57.6%，在含有人称指称的语料中达52.6%，都超过了50%。笔者认为，这主要是受两个因素的影响。一个是前面提到的先行语与回指语之间的篇章间隔距离。由于主句与从句构成一个主从复合句，NP1与NP2之间的距离通常都较近。另一个是主句与它前面的从句之间密切的语义联系，这一联系往往会产生Levinson（1987）所说的"与前一小句相同的施事/受事"效应。这两个因素相结合，便会使零形回指的使用机会增大。

值得注意的是，Huang（1982）的形式句法理论推断，CA型句子采用零形回指是不合语法的，他本人的例子见前面的（5d）。然而，从表4.4中可以看到，在总体语料中，有19个含有零形回指的CA型句子。当然，由于无生命代词在汉语中用得很少，因此当需要指称一个无生命的实体时，通常在汉语中要么采用名词重复的方法，要么使用零形代词。因此，在CA型句子中用零形回指来指称一个无生命的实体，是意料之中的。比如，语料显示，在含有从属连词"虽然"的句子中，有一半（10个中有5个）的CA型句子采用零形回指来指称一个无生命实体，下面是其中一个例子：

> （6）虽然美国经济出现放缓现象，但∅不会到衰退
> 阶段。（《明报》1990.1.6）

但是，表4.4也显示，即使在指称对象是人的情况下，仍有10个含有零形回指的CA型句子，占所有用于人称指称的CA型句子的52.6%。这说明，Huang（1982）对于汉语主从复合句中零形代词分布的句法阐释并不完全符合汉语的实际使用情况，至少就汉语报纸文章的语料来说是如此。下面是其中的三个例子。

> （7）a. 虽然美国民主党议员最近曾批评布希的国
> 防措施，但∅皆赞扬他的新裁军计划。（《中央
> 日报》1990.2.2）
> b. 虽然他有份入围，但∅觉获奖机会甚微。

（《明报》1990.3.29）

　　c. 虽然他即时受伤，但∅却一直保持神志清醒。（《信报》1990.4.12）

　　（7a）中NP1是一个有定描述语"美国民主党议员"，而（7b）和（7c）中的NP1是一个代词"他"。在所有含有人称指称的10个CA型句子中，7句（70%）句子中的NP1是代词。我认为这说明可及性具有累积性，也就是说，在其他条件相同的情况下，如果一个CA型句子中的NP1是一个代词，即一个高可及性标示语的话，那么说明其指称的实体已经具有较高的可及性，因而比一个低可及性标示语（如一个有定描述语）指称的实体更有可能在其后的篇章中被一个零形代词来指称。这也与图4.5相符。而在像Huang所采用的形式句法模式中，NP1位置上的名词短语无论是一个代词还是一个有定描述语，对NP2位置上的零形代词的理解都没有影响。在这两种情况下，其理论都会预测，NP2位置上的零形代词是不合法的。

5. 结论

　　本文采用名词短语篇章语义功能分析的方法，研究了汉语主从复合句中主从句主题（主语）位置上名词短语之间的回指问题。由于篇章回指是篇章中的两个名词短语（即先行语和回指语）之间的同指关系，因此可以认为，影响回指的使用和理解的两个最重要的因素是先行语表达的主题性和回指语表达的篇章实体的可及性。两者都可以用名词短语在篇章产生和理解的认知心理语言学过程中的作用来定义，也都可以根据名词短语的表层结构和形式特征加以识别与分类：前者可以通过名词短语在句子中的话语功能结构位置来确定，后者可以根据名词短语的形式来进行分类。因而，两者的定义都具有认知心理语言学基础，其识别和分类也都具有明确的可操作性。

　　本文通过对语料库中篇章回指的实际使用情况进行分析，验证了建立在上述两个概念基础上的两个假设。数据分析表明，主题性和可及性这两个概念可

四　汉语主从句间的回指问题

81

以解释绝大多数主从复合句中的回指现象。但同时也表明，回指形式的使用还受其他一些篇章语义和语用因素的影响，特别是先行语与回指语之间的篇章间隔距离和主从句之间的密切语义联系。

篇章回指是一种非常复杂的语言现象，而人们在实际交际过程中却大多能相互理解。一些语言学家认为，这一现象"几乎是不可思议的"（Fretheim & Gundel，1996：7，转引自 Jaszczolt，2001：18）。本文只是讨论了汉语主从复合句中主从句主题位置上的名词短语之间的回指问题，其结论也是初步的，还需要进一步验证。要更好地理解篇章回指，还必须做更多的理论探讨和实证研究，特别是研究影响篇章回指的各种形式、语义和语用因素的相互作用。

参考文献

- 黄正德.汉语生成语法——汉语中的逻辑关系及语法理论[M].宁春岩，侯方，张达三，译.哈尔滨：黑龙江大学科研处，1983.

- 许余龙.评LI C N，THOMPSON S A. Mandarin Chinese: A functional reference grammar [J]. Language learning and communication，1984，3(1):75-82.

- 许余龙."把"字句新析——《从主题–评论的观点看"把"字句》一文评介[J].国外语言学，1989(1):32-38.

- 许余龙.汉英篇章中句子主题的识别[J].外国语，1996(6):3-9.

- 许余龙. 英汉指称词语表达的可及性[J]. 外语教学与研究，2000(5):321-328.

- ARIEL M. Accessing noun-phrase antecedents [M]. London: Routledge, 1990.

- ARIEL M. Interpreting anaphoric expressions: A cognitive versus a pragmatic approach [J]. Journal of linguistics, 1994, 30: 3-42.

- BOLINGER D. Pronouns in discourse [M]// GIVÓN T. Topic continuity in discourse: Quantitative cross-linguistic studies. Amsterdam: John Benjamin, 1979: 289-309.

- CHAO Y R. A grammar of spoken Chinese [M]. Berkeley: University of California Press, 1968.

- CHU C C. A discourse grammar of Mandarin Chinese [M]. New York: Peter Lang, 1998.

- FRETHEIM T, GUNDEL J. Introduction [M]// FRETHEIM T, GUNDEL J. Reference and referent accessibility. Amsterdam: John Benjamins, 1996: 7-12.

- GIVÓN T. Topic continuity in discourse: Quantitative cross-linguistic studies [M]. Amsterdam: John Benjamins, 1983.

- HAIMAN J, THOMPSON S A. Clause combining in grammar and discourse [M]. Amsterdam: John Benjamins Publishing Compan, 1988.

- HALLIDAY M A K. An introduction to functional grammar [M]. London: Edward Arnold, 1985.

- HALLIDAY M A K. HASAN R. Cohesion in English [M]. London: Longman, 1976.

- HUANG C-T J. Logical relations in Chinese and the theory of grammar [D]. Cambridge: MIT, 1982.

- HUANG Y. A neo-Gricean pragmatic theory of anaphora [J]. Journal of linguistics, 1991, 27 (2): 301-335.

- JASZCZOLT K M. Referring expressions: A unified approach [J]. Journal of foreign languages, 2001, 2: 1-22.

- LANGACKER R W. Pronominalisation and the chain of command [M]// REIBEL D A, Schane S A. Modern studies in English. New Jersey:

Prentice Hall, 1969: 160-186.

- LEES R B, KLIMA E S. Rules for English pronominalisation [J]. Language, 1963, 39: 17-28.

- LEVINSON S C. Minimization and conversational inference [M]// VERSCHUEREN J, BERTUCCELLI-PAPI M. The pragmatic perspective. Amsterdam: John Benjamins, 1987: 61-129.

- LEVINSON S C. Pragmatic reduction of the binding conditions revisited [J]. Journal of linguistics, 1991, 27 (1): 107-161.

- LI C I. Participant anaphora in Mandarin Chinese [D]. Gainesville: University of Florida, 1985.

- LI C N, THOMPSON S A. Subject and topic: A new typology of language [M]// LI C N. Subject and topic. New York: Academic Press, 1976: 457-490.

- LI C N, THOMPSON S A. Mandarin Chinese: A functional reference grammar [M]. Berkeley: University of California Press, 1981.

- ROSS J R. The cyclical nature of English pronominalisation [M]// REIBEL D A, SCHANE S A. Modern studies in English. New Jersey: Prentice Hall, 1969: 187-200.

- TSAO F-F. A functional study of topic in Chinese: The first step towards discourse analysis [M]. Taipei: Student Book Co, 1979.

- TSAO F-F. Sentence and clause structure in Chinese: A functional perspecitve [M]. Taipei: Student Book Co, 1990.

- VAN HOEK K. Anaphora and conceptual structure [M]. Chicago: The University of Chicago Press, 1997.

- XU Y L. Reference as a cohesive tie in Chinese and English narrative discourse: A contrastive study [D]. Hong Kong: The Chinese University of Hong Kong, 1984.

- XU Y L. Resolving third-person anaphora in Chinese texts: Towards a functional-pragmatic model [D]. Hong Kong: The Hong Kong Polytechnic University, 1995.

第二部分

语篇对比研究

导　言

　　语篇[15]研究的对象主要是语言组句成章的规律，以及语境对语篇的形式和语义的影响。语篇中的语句既有形式上的衔接，又有语义上的连贯，这种衔接与连贯典型地表现在后句中的回指语与前句中的先行语所构成的回指关系中。语篇回指的理解是一项典型的认知心理活动，在不同实体引入语篇之后，对这些实体的回指加工处理，在很大程度上取决于以下两大要素：①用作回指语的指称词语的形式；②潜在回指对象（即某个语篇实体）在语篇加工处理那一刻的相对可及性。在语篇的一

---

15 本书中，"语篇"用作口头的"话语"和书面的"篇章"的统称。如果研究的对象主要是书面语，那么一般用"篇章"这一术语；如果论述同时适用于"话语"和"篇章"，那么一般用"语篇"这一术语。

个段落内，前一小句的主题（或称"话题"）[16]往往是后一小句中回指语的最为可及的回指对象，因此正确识别句子中的主题，对语篇回指理解具有重要意义。本部分第一篇论文《汉英篇章中句子主题的识别》便讨论了这一问题。该论文集北美功能主义和韩礼德的系统功能语法之所长，在对主题的功能定位上，借鉴了北美功能主义中认知功能派的一些思想；而在对主题的识别上，则采用韩礼德提出的"主题性主位"这一概念。但我对其作了如下两点修正：① 只有过程的参与者才能成为主题性主位，而并非所有表达概念意义的成分都可以成为主题性主位；② 主位中的概念主位部分像篇章或人际主位部分一样，也可以包含一个以上的成分，其内部结构一般为，表示时间、地点、方式等伴随状况的成分在前，表示参与者的成分在后。在此基础上，论文提出了一个明晰的汉英篇章中句子主题的识别原则。

第二篇论文《英汉指称词语表达的可及性》进一步分析和阐释了用作回指语的指称词语的形式与其表达的语义之间的关系，所用的理论框架是以色列学者 Mira Ariel 提出的语篇回指的可及性理论。该理论认为，说话者／作者之所以要在语篇

---

16 对应于英语中的"topic"，以前学界多用"主题"这一术语，目前大多用"话题"。在韩礼德的系统功能语法框架中，将"topic"译为"主题"有其可取之处，比如可以将英语中三对相互关联但又表示不同概念的术语"subject"和"predicate"，"theme"和"rheme"，以及"topic"和"comment"分别译为"主语"和"谓语"，"主位"和"述位"，以及"主题"与"述题"，具有较好的对称和对应性，因此在选文中保留了原用术语。

中使用不同类型的指称词语，一个最重要的目的是向受话者/读者标示所指实体的不同可及性，以便于他们搜寻和理解指称词语的所指对象。据此，她将用作回指语的指称词语分为高、中、低三大类可及性标示语。论文采用真实语料，分析探讨了英、汉语中不同类型的指称词语在表达所指实体可及性方面所表现出的异同。数据统计结果表明，在英汉两种语言中，低可及性标示语都主要由专有名词和有定描述语充当。但是，在英语中，高可及性标示语主要由代词来充当；在汉语中，则由零形代词和那些用于无指称词语间隔的篇章环境中、并通常出现在主语/主题位置上的代词和指示词语充当。中可及性标示语在英语中由指示词语充当；在汉语中，则由那些用于有指称词语间隔的篇章环境中、并通常出现在宾语位置上的代词和指示词语充当。该文对国内语篇回指研究产生了较大的影响，已被引343次。

除了指称词语表达的所指实体的可及性之外，语篇在首次引入某个实体时所采用的形态和句法形式，也是向受话者/读者提示该实体在语篇中相对重要性的一种常用手段，如果是重要的实体，那么往往是语篇下文相关回指语的回指对象。本部分第三篇论文《话题引入与语篇回指——一项基于民间故事语料的英汉对比研究》探讨了实体话题首次引入语篇时所采用的方式与语篇回指之间的关系，以及英、汉两种语言之间在这方面的异同。研究发现，两种语言的主要相似之处为：① 用作存现宾语的无定名词短语是引入篇章中最为重要和最为可及话题的主要手段；② 英汉无定指示形容词this和"这么"可用于进一步强调所引入话题的重要性。两种语言最主要的差别是：① 在汉语中，存现结构中的无定名词短语似乎是引入重要篇章话题的唯一形态句法手段；而在英语中，除此之外，用作间接宾语的有定名词短语和用作主语的专有名词也可以用于引入一个相对重要的篇章话题。② 在英语篇章中，另有一个标示重要话题的附加手段，即以one代替a，以便进一步强调所引入话题的重要性。

广义回指中有一种特殊的形式，称为"下指"，即回指语在前，先行语在后，因而又称为"逆回指"。本部分第四篇论文《英汉下指的篇章功能和语用分析——兼谈汉语第三人称代词照应的单向性问题》将下指纳入语篇回指的大格局中加以考察，区分了句内下指、语篇下指、局部语篇下指和局部语篇回指这四种不同的指称照应方式，并结合其篇章功能，分析讨论了英、汉语之间的异同。语料分析结果显示：① 就句内下指而言，汉语要比英语用得少，多数英语句内下指可以用汉语回指的方式来表达，而且汉语句内下指的惯用构式是∅+名词，而不是代词+名词；② 就语篇下指而言，在汉语中一般仅出现在标题类的文字中，其主要语用功能是使语言表达更为紧凑简洁，而在英语中也可出现于其他场合；③ 上述四种照应方式中的句首代词或零形代词小句，在英汉篇章中的一个共同功能是用于背景描述。

第一部分中的第二、三篇论文讨论了在进行

关系化、话题化和焦点化等句法操作时，各句法位置上的名词短语的句法可及性。研究表明，相较于英语等西方语言，汉语需要对 Keenan & Comrie（1977）提出的名词短语可及性等级序列作两点修正：① 需要将属格语区分为主语属格语和宾语属格语；② 主语属格语的可及性排位需要提前，其可及性不仅高于宾语属格语，而且高于宾语。本部分最后一篇论文《名词短语可及性与篇章回指——以汉语主语属格语为例》紧扣汉语的这一特殊之处，首先论证了汉语主语属格语在篇章回指中同样具有较高的指称可及性。然后，考察了可及性与生命度对篇章回指的共同影响，提出了在先行语选择中，可及性与生命度之间的两条互动原则。最后指出，汉语小句内的关系化句法操作和篇章中的跨小句回指可能受同一可及性等级的制约，所提出的两条互动原则也可以运用到基于向心理论的汉语指代消解算法中，以提高整体消解准确率。

五　汉英篇章中句子主题的识别[17]

1. 引言

进行一项具体的语言之间的对比，首先应该确保这种对比是建立在某一共同的对比基础（Tertium Comparationis，简称TC）之上的（James，1980：169）。某些概念和范畴，如时间、空间或方位等，可能具有普遍性，因而可以较容易地将其作为语言之间对比描述的共同出发点或参照点（见 Krzeszowski，1984；许余龙，1988，1992：§ 2.2）。而另一些概念则本身含义较为模糊，而且这些概念与它们的语言表述之间的联系可能也不是很清楚。因此，在对比之前，有时需要对某个概念下一个具有普遍性的定义，并找出语言中表达这个概念的方法。这一方法最好也具有普遍性，或至少能同时适用于分析对比中的两种语言。本文所要讨论的便是后一类概念中的一个，即语篇中的句子主题问题。本文将对主题下一个具有普遍性的定义，并指出，汉英语中的主题，都可以利用修正后的韩礼德（Halliday，1985）的"主题性主位"这一概念来识别。

17　原载《外国语》1996年第6期，3—9页。

2. 篇章中的句子主题及其定义

在篇章分析中，似乎总是要使用主题这一概念。但究竟什么是主题，至今仍众说纷纭，莫衷一是。Brown & Yule（1983：68，70）曾评论说，"主题可以说是语篇分析中使用最频繁而又未加以解释的一个术语"，尽管主题对研究"语篇的相关与连贯等一些概念至关重要"，然而其本身却"非常难以界定"。正由于其本质难以确定，一些语言学家（如Szwedek，1990；Schlobinski & Schütze-Coburn，1992等）主张摒弃这一术语。

Schiffrin（1988，1992）认为，主题这一术语使用的混乱局面，是各类研究的重点不同造成的。对主题的研究可以从语言交际过程中的不同方面入手，其重点可以放在表达的信息上，也可以放在说话者对话语的理解或交际双方的相互影响上。根据这一观点，主题大致可以分为如下五大类：① 交谈主题，又称话语主题（discourse topic）；② 说话者主题（speaker's topic）；③ 实体主题（entity topic）；④命题主题（propositional topic）；⑤篇章主题（text topic）。

前两类主题研究以说话者或交际双方的相互影响为出发点。所谓话语主题，是指交谈双方在会话（某一阶段）中的谈论对象（见Venneman，1975；Keenan & Schieffelin，1976）。而说话者主题这一概念主要强调说话者在会话主题识别上的重要作用。持这一观点的研究者认为，"只有说话者，而不是交谈或话语，才有主题"（Brown & Yule，1983：94）。后三类主题研究则将重点放在表达的信息上。实体主题是指一个句子中的一个名词短语所表示的某个具体或抽象的实体（如人、事物或观点等），这一实体是该句子的谈论对象。这可能是语言研究中最为常用的一种主题概念（如Hockett，1958；Chao，1968；Li & Thompson，1976；Reinhart，1982；Gundel，1988；Lambrecht，1994）。命题主题和篇章主题分别是指一句小句（或句子）和整个篇章所表达的命题或要旨。命题主题可以是一个句子所讨论的对象，也可以是一个语义段落所讨论的对象；而篇章主题则是整篇文章所讨论的对象。

本文所要谈的主题主要是实体主题。这一实体是语篇中听话者头脑里所形成的一个概念，而并不一定是语境中某一个具体的人或事物等物质实体。从语篇理解的角度来说，实体主题实际上也是交谈主题和说话者主题，因为语篇中的某一个句子，其谈论对象的选择与确定，在很大程度上受上下文的制约。例如，在下面一个篇章片段的三个句子中（选自 L. G. Alexander 所编 *New Concept English: Practice and Progress* 第10篇中的开头三句）：

（1）a. We have an old musical instrument.

b. It is called a clavichord.

c. It was made in Germany in 1681.

例（1）中的（1b）和（1c）两句都采用被动语态，以便可以让 it 成为句子的主题。这两句在语义上分别与下面例（2）中的（2a）和（2b）两句相似：

（2）a. People call it clavichord.

b. Someone made it in Germany in 1681.

但是读了例（1）中的整段文字后，从篇章理解的角度可以推断，作者之所以没有选用（2a）和（2b）来代替（1b）和（1c），是因为在这一篇章片段中，作者所要谈论的是那个古乐器（old musical instrument）。为了取得上述篇章表达效果，作者在（1a）中引出这个主题之后，在（1b）和（1c）中都选择指称这个古乐器 it 作为句子的主题，使这三句话构成一个主题链。这样，读者读到这段文字时，就可以很容易看出，这三句话的共同主题，也就是这个篇章语义段的主题，是那个古乐器。由此可见，语篇中一个句子主题的选择，对于整个语篇的连贯性等组织结构的理解具有重要作用。

通过上面的简单讨论，可以将语篇中的**句子主题**定义为：

听话者在语篇理解的过程中遇到一个句子，如果他可以推测说话者说这个句子的意图是向他进一步提供关于某一实体的信息，那么这一实体便是那个句子的主题。

这样，与主题相对应的**述题**可以定义为：

语篇中一个句子的述题是对句子主题的陈述。

这一主题、述题概念与Gundel（1988）对主题、述题所下的定义十分相似。两者之间的主要区别在于：她的定义主要是从语篇产生的角度出发的，而本文的定义主要是从语篇理解的角度出发的，而且主要是关于陈述句的主题。她正确地指出，为了便于讨论不同语言中的主题与述题，对这两个术语所下的定义必须与它们的语用和结构属性区分开来。上述关于主题、述题的定义是从语篇理解的认知角度提出的，因此可以认为具有普遍性。语篇中的句子大致可以分为两大类。一类是主题引出句，其作用是引出一个新的语篇主题。这类句子一般出现在语篇的开头或主题转换的时候，通常含有表示"有""存在""出现"等的一些动词。另一类句子是关于某一语篇主题的主题描述句，这类句子在语篇中占大多数。

根据上述定义，主题是语篇中谈论到的某一实体，而不是表达这一实体的某一名词短语本身。Lambrecht（1994：131）将两者分别称为topic（referent）和topic expression。但为了使行文简洁方便，在不发生混淆的情况下，下面将把一个句子中表达主题的某一名词短语本身称为主题。因此，如果说"it是句（1b）的主题"，其实际含义是"在（1b）中，it所指的上文提到的那个篇章实体an old musical instrument是句子的主题"。

3．英语主题的识别

上面对主题所下的定义紧紧抓住了主题的"关涉性（aboutness）"这一语用特征。也就是说，一个带有主题的句子是关于某个主题的陈述。这一语用属性是主题的基本属性，反映在几乎所有关于主题的讨论中（如Hockett，1958；Chao，1968；Li & Thompson，1976，1981；Gundel，1988；Lambrecht，1994）。

英语被认为是主语显著的语言（Li & Thompson，1976），因为在英语中，可以根据句子主谓语在形式上的一致，将主语明确地识别出来。而英语中的主题却没有明确的形式标志，其识别方法需加以探讨。Davison（1984）曾对此进行了研究，并提出，英语中的主题可以根据句子中名词短语的句法和语义特征来确定。她认为，一些有标记的句法结构形式标示出具有很强主题性的名词短语，如例（3a）中的主题化（topicalization）和（3b）中的左位移（left dislocation）

> （3）a. Those guys, strangely, no one has seen in weeks.
>
> b. Those guys, strangely, no one has seen them in weeks.

在无特殊句法标记的句子中，句子的形式主语通常可以认定为句子的主题，但最终还要取决于名词短语的语义特征和其他一些因素。例如，如果主语名词是专有名词或有定名词短语，那么更有可能是句子的主题。

Davison 的研究为英语篇章中句子主题的确定提出了正确的方向，但似乎缺乏明晰的可操作性。我认为，英语中的句子主题可以采用韩礼德（Halliday，1985）提出的主题性主位（topical theme）的概念来确定，但这一概念必须作适当修正。这一方法的好处是，可以根据篇章的表层句法组织结构来确定句子的主题，因而具有较大程度的可操作性与明晰性。

3.1 韩礼德的主位与主题性主位

在韩礼德的系统功能语法中，表达篇章中句与句之间的篇章功能的句子内部结构有两种。其一是句子的信息结构：承载句子重音的部分表达的是新信息（或未知信息），非重音部分表达的是已知信息。其二是句子的主述位结构：句首部分是句子的主位，其余部分是述位。在语篇中，特别是书面篇章中，典型的信息结构是已知信息在前，新信息在后。这一特点，韩礼德称之为信息结构的一条重要"自然"特征（见 Halliday，1985：275）。因而，在通常情况下，一个句子的信息结构与主述位结构重合。况且在书面篇章中，作者通常无法表达句子的语音特征，尽管有时作者可以用加下画线或变化字体等方式来强调句子中的某一部分。这样，我们就可以将句子的主述位结构视为反映句子篇章功能的主要组织形式。

韩礼德将主位定义为"句子讯息所关注的对象"（Halliday，1985：36）。我认为，主题的关涉性正是由于它成为句子的主位才获得的。不过，在韩礼德的分析框架中，一个句子可以有一个复合主位，其本身可能具有一个复杂的内部结构。例如，在他的一个例子中（Halliday，1985：55）：

（4）Well but then Ann surely wouldn't the best idea be to join the group?

在be的前面是一个复合主位。其中，well but then表达篇章意义，因此称之为复合主位中的篇章主位。这一篇章主位将此句与篇章中前面的句子连接起来。Ann surely wouldn't表达人际意义，称为人际主位，表明此句的交际目的是向Ann提出反问。而the best idea表达概念意义，是复合主位中的概念主位部分。因为the best idea所表达的概念意义是表示该句所要讲的是这一认知实体，所以又称为句子的主题性主位。韩礼德认为，在像这样一个复杂的复合主位中，其篇章主位well but then部分，可以包含一个接续（well）、一个结构（but）和一个连接（then）主位，并以此为顺序排列；其人际主位Ann surely wouldn't部分，可以包含一个呼语（Ann）、一个情态（surely）和一个定式（wouldn't）主位，通常也是以此为序；而其概念部分，却只含有一个主题性主位，不能再作内部结构分析。这一分析模式可用图5.1来表示。

Well	but	then	Ann	surely	wouldn't	the best idea	be to join the group?
接续	结构	连接	呼语	情态	定式	主题性主位	
篇章主位			人际主位			概念主位	
主位							述位

图5.1　例（4）的主述位结构分析

当然，如此复杂的主位在语言实际使用中并不多见。一个简单的主位通常只含有一个主题性主位。在英语陈述句中，这一主位往往与句子的主语重合，韩礼德称之为无标记主位。如果句子中主语之外的一个成分成为主题性主位，例如在nature I loved中的nature，韩礼德称之为有标记主位。韩礼德认为，主题性主位这一概念相当于主题–述题分析中的主题[18]（Halliday，1985：54）。从上面的分析中我们还可以看到，韩礼德对于有标记和无标记主题的确定与Davison对英语中主题的识别方法也基本一致。因此可以认为，韩礼德的主题性主位基本上是主述题分析中通常所说的主题。

3.2 对韩礼德分析方法的修正

那么，英语句子中的哪些成分可以成为主题性主位呢？在其分析框架中，韩礼德为主题性主位的识别确定了两条基本原则。第一，一个句子中的主题性主位只有一个，那便是句子中第一个表达概念意义的成分。这一成分的后面部分便自动成为句子的述位。第二，从原则上来说，陈述句中任何表示过程的参与者（如人或事物等），或伴随状况（如时间、地点、方式等）的概念成分都可以成为句子的主题性主位。下面便是他分析的几个实例（引自Halliday，1985：图3.2和图3.3）：

a.	the man in the wilderness	said to me
b.	very carefully	she put him back on his feet again
c.	with sobs and tears	he sorted out those of the large size
	主位（主题性主位）	述位

图5.2　韩礼德对含有简单主位的句子结构分析

on the other hand	maybe	on a weekday	it would be less crowded
连接	情态	主题性主位	
篇章主位	人际主位	概念主位	
主位			述位

图5.3　韩礼德对含有复合主位的句子结构分析

韩礼德认为，图5.2的各句中只有一个简单主位，而且都是主题性主位，因为它们都是句子中第一个表达概念的成分，它们后面的句子成分都是述位。

---

18 在韩礼德的分析框架中，主题则是指句子中主位与已知信息重合的那个成分。

图5.3中有一个含有复合主位的句子，包括一个篇章主位（on the other hand），一个人际主位（maybe）和一个概念主位（on a weekday）。因为 on a weekday 是句中第一个表达概念意义的成分，因此它是句中的主题性主位。

前面指出，韩礼德的主题性主位基本上是主述题分析中的主题。这里，我要对韩礼德的具体分析方法提出两点修正。第一，只有过程的参与者才能成为主题性主位或主题，而并非所有表达概念意义的成分都可以成为主题性主位。第二，主位中的概念主位部分像篇章或人际主位部分一样，也可以包含一个以上的成分。其内部结构一般为，表示时间、地点、方式等伴随状况的成分在前，表示参与者（即主题）的成分在后。也就是说，按照修正后的分析方法，理论上一个句子可以具有如下主述位结构模式：

接续	结构	连接	呼语	情态	定式	伴随状况	主题	
篇章主位			人际主位			概念主位		
主位								述位

图5.4　句子在理论上可以具有的主述位结构

如有必要，伴随状况还可以进一步细分为时间、地点、方式等。根据修正后的分析方法，上面图5.2和图5.3中的各句可以重新分析如下：

a.		the man in the wilderness	said to me
b.	very carefully	she	put him back on his feet again
c.	with sobs and tears	he	sorted out those of the large size
	伴随状况	主题	
	主位（概念主位）		述位

图5.5　对韩礼德的简单主位结构的重新分析

on the other hand	maybe	on a week-day	it	would be less crowded
连接	情态	伴随状况	主题	
篇章主位	人际主位	概念主位		
主位				述位

图5.6　对韩礼德的复合主位结构的重新分析

经过重新分析，图5.5中只有句（a）含有一个简单主位，即表示主题的概念主位 the man in the wilderness。句（b）和（c）中含有一个具有内部结构的概念主位，分别由表示伴随状况的 very carefully 和 with sobs and tears，以及表示主题的 she 和 he 组成。图5.6中含有一个复合主位，包括一个表示连接的篇章主位 on the other hand，一个表示情态的人际主位 maybe 和一个概念主位 on a weekday it。其中的概念主位含有一个表示伴随状况的 on a weekday 和表示主题的 it。

这种修正后的分析方法似乎有下列几个优点。

首先，修正后的分析方法将主位的概念部分处理为也可以具有内部结构的一个成分，这与韩礼德对主位中篇章和人际成分的分析方法一致（见图5.1中韩礼德的结构分析）。因而，整个分析框架似乎更为统一和谐。

其次，修正后的分析方法只把句子主位中表示过程参与者的那个认知实体作为句子的主题或主题性主位。这一主题概念与第2节中对主题下的定义，以及与主述题分析中通常所说的主题概念更加一致。这是因为在概念主位中，表达参与者的主题是句子阐述的主要对象，而表达伴随状况的主位只是提供了动作过程中的时间、地点、方式等伴随状况，是句子中的次要成分。例如，在图5.5的句（b）和（c）中，我们会觉得，这两句话是在分别讲述 she 和 he，而不是 very carefully 和 with sobs and tears。因而在修正后的分析模式中，she 和 he 分析为主题，而 very carefully 和 with sobs and tears 分析为概念主位中表达伴随状况的部分。相反，如果按照韩礼德的分析方法，将 very carefully 和 with sobs and tears 分析为主题性主位，而将 she 和 he 分析为述题的一部分（见图5.2的分析），那么只能说这两句话是在讲述 very carefully 和 with sobs and tears 了。

再次，用修正后的分析方法所确定的句子主题对于分析整个篇章或某一篇章片段的结构更为有用。例如，在例（1）中，句（a）引出了 an old musical instrument 之后，句（b）和（c）都将指称这一乐器的 it 作为句子的主题，从而组成一个主题链。通过对这一篇章结构的分析，我们可以知道，至少在这一篇章片段中，作者所讲述的主题是那个乐器。图5.5的句（b）和（c）中的 she 和 he 也显然是指上文提到的某一个人，而且上文中也很可能已含有以这个人为主题的句子。将 she 和 he 分析为这两句话的主题，可以使这两句话与同一篇章中前面含有同一主题的句子衔接起来，构成一个主题链。相反，如果按韩礼德图5.2的分析方法，将very carefully和with sobs and tears分别分析为（b）和（c）的主题性主位，而将she和he分析为述题的一部分，那么主题链会到此断裂开来。这种分析方法得出的结果，使读者不易看出在这两个篇章片段中，作者所要讲述的主题是she或he所代表的那个人。

最后，在下一节中我们将会看到，修正后的分析方法更适用于汉语篇章中句子主题的分析。

4．汉语主题的识别

汉语被认为是主题显著的语言，但如何确定汉语句子中的主题这一问题似乎还没有取得一致、公认的意见。Li & Thompson（1976，1981）和Tsao（1979）是最先试图系统地区分汉语中的主题和主语的几位研究者。他们采用的基本方法是：一个动词前的名词短语，如果与句中的动词具有"做什么"或"是什么"的关系，它就是句子的主语；否则，便是句中的主题。按此方法分析，例（5）中的"象"是主题，"鼻子"是主语（见Li & Thompson，1981：93）。

（5）象鼻子长。

其结果是，可以分析为汉语主题的句子成分只局限于那些与句中的动词只有模糊的"关涉性"关系的名词短语，以及那些主题化了的名词短语。

与韩礼德一样，我的观点是，主语和主题（或主题性主位）是一个句子的两个不同结构中的成分，主语是句子语法结构中的一个成分，而主题是句子主述位结构中的一个成分，但是，与韩礼德不同的是，我认为，主位的概念组成部分中可以含有一个以上的成分，包括一个以上的主题。如果一个句子含有一个以上的主题，那么该句子本身可以分析为一个具有层级性的主述题结构。因此，正如笔者在其他地方所指出的（见许余龙，1984，1989），例（5）的主述题结构可以分析为下面的图5.7，或其简略式图5.8（其中S=句/小句，T= 主题，C= 述题)。

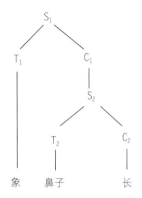

图5.7　例（5）的主述题结构分析

图5.8　例（5）的简式结构分析

也就是说，例（5）由主题"象"和述题"鼻子长"构成，而述题本身又含有一个主题"鼻子"和一个述题"长"。这一分析方法与Chu（1987）的处理方式十分相似，下面是他的一个分析实例（Chu，1987：216 ）：

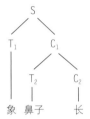

主题	述题	
	主题	述题
眼镜	他	打破了

图5.9　Chu的结构分析法

Chu的分析模式形象地反映出Hockett（1958：201-203 ）很早就提出的观点，即汉语句子结构是这种大箱套小箱的"中国套箱"式结构。

有时，一个汉语句子可能含有两个以上的主题。例如，赵元任先生（Chao，1968：11 ）提到，一次他太太问他："你花浇的水够不够？"正如笔者

在其他地方指出的（见许余龙，1984，1989），这句话的主述题结构可以简单
分析如下：

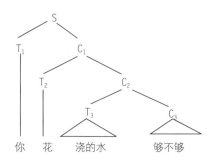

图5.10　一个含有三层主述题结构的句子分析

实际上，曹逢甫先生在后来的一些研究中，对他以前的观点也作了修正，
不再把诸如例（5）之类的所谓"双主语句"分析为第一个名词短语是主题，
第二个名词短语是主语。他认为，更为概括的提法应该是将这类句子中的第二
个名词短语看作句子的第二主题，尽管这个主题同时也可能是句子表层结构中
的主语（Tsao，1987：25）。这是因为，有时在一个句子的句首可以一连出现3
个名词短语，例如（引自Tsao，1987：48）：

（6）<u>我们家的三个女孩</u>，<u>老大</u>孩子最多，也最聪明。
　　　　　　　1　　　　　　　2　3

在这句话中，第二个名词短语"老大"显然不再能分析为主语，而只能分
析为第二主题。他的这种观点与我的上述看法十分相似，例（6）实际上具有
与图5.10相似的主述题结构。

不过，他的近期研究（Tsao，1990）将所有动词前的成分，如表达时间、
地点、方式、原因、比较、工具等的短语，都处理为主题。这一主题概念比韩
礼德的主位概念包括的范围还要广。我只是将动词前表达动作过程参与者的名
词短语视为句子主题。在Xu（1995）中我指出，这一主题概念对于汉语篇章
中指称词语的回指理解具有重要意义。

5．英汉篇章中句子主题的识别原则

综上所述，本文提出如下一个英汉篇章中句子主题的识别原则：

在一个句子中，动词前任何一个表示句中述谓结构所描述的动作过程中的一个参与者（即某个具体或抽象的认知实体）的名词短语，都是句中的一个主题。

这一原则同时适用于英汉篇章中句子主题的识别，据此所识别的主题对理解语篇中各句之间所谈论话题的接续或转换，从而揭示语篇衔接和连贯的模式与机制具有重要意义，对语篇人工智能处理研究也具有较大实际应用价值。

参考文献

- 许余龙. 评 LI C N, THOMPSON S A. Mandarin Chinese: A functional reference grammar [J]. Language learning and communication, 1984, 3(1): 75-82.

- 许余龙. 论语言对比基础的类型 [J]. 外国语，1988(3): 28-33.

- 许余龙. "把"字句新析——《从主题–评论的观点看"把"字句》一文评介 [J]. 国外语言学，1989(1): 32-38.

- 许余龙. 对比语言学概论 [M]. 上海：上海外语教育出版社，1992.

- BROWN G, YULE G. Discourse analysis [M]. Cambridge: Cambridge University Press, 1983.

- CHAO Y R. A grammar of spoken Chinese [M]. Berkeley: University of California Press, 1968.

- CHU C C. Historical syntax—Theory and application to Chinese [M]. Taipei: The Crane Publishing Co, 1987.

- DAVISON A. Syntactic markedness and the definition of sentence topic [J]. Language, 1984, 60(4): 797-846.

- GUNDEL J K. Universals of topic-comment structure [M]// HAMMOND M, et al. Studies in syntactic typology. Amsterdam: John Benjamins, 1988: 209-239.

- HALLIDAY M A K. An introduction to functional grammar [M]. London: Edward Arnold, 1985.

- HOCKETT C F. A course in modern linguistics [M]. New York: Macmillan, 1958.

- JAMES C. Contrastive analysis [M]. Harlow Essex: Longman, 1980.

- KEENAN E O, SCHIEFFELIN B. Topic as a discourse notion: A study of topic in the conversations of children and adults [M]// LI C N. Subject and topic. New York: Academic Press, 1976: 335-384.

- KRZESZOWSKI T P. Tertium comparationis [M]// FISIAK J. Contrastive linguistics: Prospects and problems. Berlin: Mouton, 1984: 301-312.

- LAMBRECHT K. Information structure and sentence form: Topic, focus, and the mental representations of discourse referents [M]. Cambridge: Cambridge University Press, 1994.

- LI C N, THOMPSON S A. Subject and topic: A new typology of language [M]// LI C N. Subject and topic. New York: Academic Press, 1976: 457-490.

- LI C N, THOMPSON S A. Mandarin Chinese: A functional reference grammar [M]. Berkeley: University of California Press, 1981.

- REINHART T. Pragmatics and linguistics: An analysis of sentence topics [M]. Bloomington: Indiana University Linguistics Club, 1982.

- SCHIFFRIN D. Sociolinguistic approaches to discourse: Topic and reference in narrative [M]// FERRERA K, et al. Linguistic contact and variation. Austin: University of Texas Press, 1988: 1-28.

- SCHIFFRIN D. Conditionals as topics in discourse [J]. Linguistics, 1992, 30: 165-197.

- SCHLOBINSKI P, SCHÜTZE-COBURN S. On the topic of topic and topic continuity [J]. Linguistics, 1992, 30: 89-121.

- SZWEDEK A. What is topic? A contrastivist's view [M]// FISIAK J. Further insights into contrastive analysis. Amsterdam: John Benjamins, 1990: 499-506.

- TSAO F-F. A functional study of topic in Chinese: The first step towards discourse analysis [M]. Taipei: Student Book Co, 1979.

- TSAO F-F. A topic-comment approach to the ba construction [J]. Journal of Chinese linguistics, 1987, 15(1): 1-54.

- TSAO F-F. Sentence and clause structure in Chinese: A functional perspective [M]. Taipei: Student Book Co, 1990.

- VASCONCELLOS M. The theme as message onset: Its structure and characteristics [J]. Linguistics, 1992, 30: 147-163.

- VENNEMAN T. Topic, sentence accent, and ellipsis: A proposal for their formal treatment [M]// KEENAN E L. Presupposition and the delimitation of semantics. Cambridge: Cambridge University Press, 1975.

- XU Y L. Resolving third-person anaphora in Chinese texts: Towards a functional-pragmatic model [D]. Hong Kong: The Hong Kong Polytechnic University, 1995.

六 英汉指称词语表达的可及性[19]

1. 引言

关于可及性，在语言学应用中，最有名的可能是 Keenan & Comrie（1977）等提出的名词短语可及性等级序列（NP accessibility hierarchy）。这一理论认为，在一个句子中，由名词短语充当的主语（SU）、直接宾语（DO）、间接宾语（IO）和旁语（OBL）等句子成分中，主语比直接宾语具有较高的可及性，而直接宾语又比间接宾语具有较高的可及性，以此类推，构成一个 S > DO > IO > OBL 式的、从左到右依次递减的线性可及度等级体系。在运用一些句法规则（如关系从句构成规则）时，位于左边的名词性成分，总是要比位于右边的名词性成分具有更大的适宜性。反之则要受到较大的限制，甚至完全不可能。这被认为是世界语言的一条共性，汉语也不例外（见沈家煊，1998）。可及性的这一用法，是Matthews（1997）列出的唯一一种释义。

本文所要讨论的可及性也是一个心理语言学概念，并且也是主要由名词短语表达的一种属性。但这一属性主要不是由名词短语的句法位置决定，而是由名词短语本身的形式决定的，是说话者或作者（本文简称说话者）在需要指称某一事物时，通过采用某个指称词语，向听话者或读者（本文简称听话者）所

---

19 原载《外语教学与研究》2000年第5期，321—328页。

表达的这个指称对象的可及程度。在不同语言中，指称词语表达的可及性也具有共性。自 Ariel（1990）的书出版以来，这一可及性理论日益受到重视。本文将先对可及性理论作一简要介绍，然后着重讨论英汉两种语言中的指称词语在表达可及性方面的异同。

2．指称词语与可及性

语言中，用于指称的词语有专有名词、有定描述语、指示词语和代词（包括零形代词）等。总的来说，说话者使用某个指称词语时，所指称的对象可以在百科知识语境、有形交际语境或语篇上下文语境三者之一中找到，分别例示如下：

（1）a. The first man who traveled in space died in 1968 in an accident.

b. Einstein was born in 1879.

（2）Look，how fast that boy is running!

（3）Arthur Clarke was born in Minehead, England. Early interested in science, he constructed his first telescope at the age of thirteen. He was a radar specialist with the Royal Air Force during World War II. He originated the proposal for use of satellites in communication…(*The Norton Anthology of Short Fiction*, Norton, 1978)

在例（1a）中，听话者听到有定描述语 the first man who traveled in space 时，会在大脑记忆储存的百科知识中，搜索第一个遨游太空的人。如果能成功检索到并提取出有关这个人的信息，即能回忆起第一个遨游太空的人是苏联宇航员加加林的话，便找到了说话者所要指称的对象（当然，如果检索不到，听话者会将此作为一条新信息储存在自己的百科知识中）。同样可以推知，（1b）中的专有名词Einstein指称的是一个人。由于爱因斯坦是一位家喻户晓的人，听话者通常会将这个人名与那位20世纪伟大的科学家联系起来。这两个指称词语的指称对象都是人们头脑中百科语境里的两个人，是两个心理实体（mental entity）。例（2）中的指称词语是一个指示词语that boy，指称对象是实际交际情景中的一个有形实体（physical entity），即正在奔跑，而且跑得很快的那个男孩。而例（3）中的指称词语是三个代词he，指的是同一语篇中，上文提到的Arthur Clarke，因而是一个语篇实体（discourse entity）。

如此看来，指称词语的形式与指称对象所处的语境之间，似乎有着某种固有的联系。在典型的语篇交际中，特别是在初始阶段，不同形式的指称词语似乎有如下分工：专有名词和有定描述语用于指称交际者百科语境中的某个实体，指示词语用于指称有形语境中的某个实体，而代词则用于指称语篇语境中的某个实体。由于指称词语所指的对象都是说话者认为听话者已知的（given），所不同的只是给出这些已知信息的语境不同，因而这种形式与语境之间的密切联系，导致Ariel（1985）提出如下理论假设：专有名词和有定描述语是知识已知标示语（knowledge givenness markers），指示词语是有形实体已知标示语（physical givenness markers），而代词是上下文已知标示语（linguistic givenness markers）。

这一观点在Ariel（1990）一书中被抛弃了。首先，她注意到，上述形式与语境的对应并不是绝对的，这可以用以下两个例子来说明（引自Ariel，1990：7-8）：

（4）The Labour convention meeting today may prove extremely important. The Party is scheduled to announce its nuclear policy this afternoon.

（5）（医生将含药糖浆递给病人）
Shake ∅ before using.

在例（4）中，有定描述语The Party指的不是百科语境中的一个实体，而是语篇语境中提到的 the Labour（Party）。同样，例（5）中的零形代词指的不是语篇语境中的一个实体，而是有形语境中，医生递给病人的那瓶含药糖浆。

其次，从语篇理解的角度来看，不仅百科语境中的实体是听话者头脑里的认知心理实体，有形语境与语篇语境中的实体，归根结底也是听话者头脑中的认知心理实体。这是因为，在语篇交际中，后者也是通过感知和理解建立起来的。例如，例（2）中的 that boy 虽然指的是存在于有形语境中的一个有形实体——那位男孩，但是如果听话者并没有感知那个男孩的存在，或不能将那个男孩与有形语境中其他男孩相区别，那么他还是不知道说话者所说的 that boy 指的是谁。因而从语篇理解的角度来说，（2）中那个指示词语的指称，实际上是借助听话者头脑中一个感知的心理实体，与交际情境中的某个有形实体建立联系的。

同样，例（3）中的代词 he，虽然似乎指的是语篇语境中的先行语 Arthur Clarke，但实际上，he 并不是"指"Arthur Clarke 这个词，而是和 Arthur Clarke 这个词同指某个人。知道 Arthur Clarke 的人，已在他们头脑里的百科语境中储存了代表这个人的心理实体（尽管他们中的大多数可能从未见过 Arthur Clarke 其人）。而不知道 Arthur Clarke 的人，在首次遇到这个专有名词时，会在自己的头脑中新建一个心理实体，以便将有关这个人的信息与这个心理实体联系起来，从而扩充自己的百科知识。我们在理解像例（3）一类的语篇过程中，会在自己头脑中产生一个"语篇心理表征（mental representation of the discourse）"（简称语篇表征，见 Marslen-Wilson *et al.*，1982；Brown & Yule，1983；Lambrecht，1994），或称"心理模型（mental model，见 Johnson-Laird，1983）"，或"语篇模型（discourse model）"（见 Webber，1981；Prince，1981），或"语篇宇宙（universe of discourse）"（见 Givón，1990，1992），下文将采用"语篇表征"这一术语。而像 Arthur Clarke 等指称词语在我们头脑中建立的心理实体，被称为"语篇实体（discourse entities）"，"心理档案（mental files）"，或"存储节点（storage nodes）"。

因此，如果我们将语篇的理解过程看成一个认知心理过程，那么我们可以认为，不同指称词语所指的三个不同语境中的实体，都是一个心理实体，是某个有形实体或抽象概念的表征（representation）。"表征"本身是一个认知心理学术语，表示信息在头脑中的呈现方式。即"人在对外界信息进行加工时，信息在头脑中表现为各种表征的形式，包括具有形象性的表象的表征和具有抽象性的概念的或命题的表征"（金哲等，1994：81）。

据此，Ariel（1990）对自己以前提出的理论作了修正。她不再把三种不同形式的指称词语与三个不同的语境联系起来。而是认为，不同形式的指称词语，实际上是标示了所指称实体的心理表征在大脑记忆结构中的可及性。在语篇理解过程中，要从语篇表征中提取一个在语篇中刚提到的一个实体的表征，往往是很容易的，因为由语篇上文先行语唤出（evoke）的实体表征，很可能仍保留在短时记忆中。而要首次从百科知识中提取某一实体的表征，则往往要花费一定的时间与努力。比如，如果参加一项知识竞赛的话，并非每人都能很快说出谁是第一个遨游太空的人。因为人们百科知识中的实体表征，是储存在长时记忆中的，要从长时记忆中提取某项信息，需要首先将其激活，放入作为工作记忆的短时记忆中。其过程犹如计算机要使用某一信息资料时，先要将其从软盘、硬盘或光盘等永久存储器中读出，载入作为工作存储器的内存中。这一过程需要花一定时间，尽管有时可能很短。

因此，Ariel认为，实体表征的可及性，表现为其在记忆系统中的激活状态。而不同形式的指称词语，正是说话者用来标示实体表征的不同可及度，因而就指称词语的这一指称功能来说，可以把它们称为可及性标示语（accessibility markers）。

3．英语可及性标示语的分类

Ariel（1990：17）进一步将可及性标示语分为三大类：① 那些最初用于指称百科语境中的某个实体的指称词语，如专有名词和有定描述语，是低可及性标示语；② 那些最初用于指称有形语境中某个实体的指称词语，如指示词语，是中可及性标示语；③ 那些似乎只用于指称语篇语境中某个实体的指称词语，如代词及其零形式，是高可及性标示语。

为了验证这一理论假设，她分析了英语真实书面篇章中指称词语的分布。为此，她选择了四篇出版的英语文章，两篇小说体，两篇非小说体，每篇约2,200词。然后，对其中的指称词语与离它们最近的先行语之间的篇章距离进行了统计分析。篇章距离根据下列标准分为四档：① 指称词语和先行语在同一句子内（简称同句内）；② 先行语在前一句子中（简称前一句）；③ 先行语在同一段落前两句或以上的句子中（简称同段内）；④ 先行语在前一段落中（简称跨段）。其理论依据是，由于指称词语指称的是语篇表征中的一个实体表征，在语篇理解的某一刻，刚刚提及的实体表征自然是最可及的，因为这一表征往往仍留在听话者的短时记忆中。相反，相隔较长时间以前提到的一个实体，其表征的可及度就要低得多，因为这一表征在听话者脑子里的印象已变淡。如果将提及相隔时间的长短转换为篇章距离，那么我们可以认为：指称词语和它的先行语之间的篇章距离越短，指称对象的可及性就越高；相反，可及性就越低。因此，我们可以推断，高可及性标示语往往出现于短距篇章环境中，如"同句内"；低可及性标示语则往往出现于长距篇章环境中，如"跨段"；中可及性标示语介于两者之间。Ariel对英语语料的分析支持这一推断，她的数据统计分析结果见表6.1（根据Ariel，1990：18，表0.1，略作改动）。

表6.1　英语指称词语的篇章分布

指称词语形式	篇章环境				小计
	同句内	前一句	同段内	跨段	
代词	**110** (20.8%)	**320** (60.5%)	75 (14.2%)	24 (4.5%)	529 (100%)
指示词语	4 (4.8%)	**50** (59.5%)	**17** (20.2%)	13 (15.5%)	84 (100%)
专有名词和有定描述语	4 (2.8%)	20 (14.1%)	**65** (45.8%)	**53** (37.3%)	142 (100%)
总计	118	390	157	90	755

表6.1共统计了755个英语指称词语的篇章分布。其中，每类指称词语在惯用篇章环境中的出现频率用黑体标出。我们可以看到，在英语中，代词大多用于短距篇章环境中，即同句内或前一句中，在这一篇章环境的出现频率为81.3%（= 20.8% + 60.5%）。指示词语大多用于中距篇章环境中，即前一句和同

段内，在这一篇章环境中的出现频率为79.7%（＝59.5%＋20.2%）。而专有名词和有定描述语大多用于长距篇章环境中，即同段内和跨段，在这一篇章环境中的出现频率为83.1%（＝45.8%＋37.3%）。这一结果证明，在英语中，代词是高可及性标示语，指示词语是中可及性标示语，而专有名词和有定描述语是低可及性标示语。

4. 汉语可及性标示语的分类

本文用同样的方法对汉语指称词语进行了分析，语料为《中国民间故事选》一、二集（人民文学出版社，1980年第二版，以下中国民间故事的例句均引自该书）中的18篇故事全文或开头部分，每篇平均约1,000字。由于汉语篇章中，特别是接近口语体的民间故事中，出现大量零形代词，因此将零形代词单独列为一种指称词语形式。同时，由于约束理论（binding theory，见 Chomsky，1981，1982）将反身代词与其他代词区分开来，作不同处理，因此将反身代词也单独列为一种指称词语形式。另一方面，由于汉语中没有与英语定冠词对应的词，在本文的分析中，任何名词短语——无论前面有无修饰语，只要是上文出现过的——都作为有定描述语处理；但是，如果前面由指示词修饰，则作为指示词语处理。表6.2列出了统计结果。

表6.2　汉语指称词语的篇章分布

指称词语形式	篇章环境				小计
	同句内	前一句	同段内	跨段	
零形代词	630 (91.3%)	53 (7.7%)	4 (0.6%)	3 (0.4%)	690 (100%)
反身代词	16 (94.1%)	1 (5.9%)	0	0	17 (100%)
代词	90 (55.2%)	69 (42.3%)	1 (0.6%)	3 (1.8%)	163 (99.9%)
指示词语	6 (35.3%)	6 (35.3%)	4 (23.5%)	1 (5.9%)	17 (100%)

指称词语形式	篇章环境				小计
	同句内	前一句	同段内	跨段	
专有名词和 有定描述语	45 (12.9%)	**118 (33.9%)**	38 (10.9%)	**147 (42.2%)**	348 (99.9%)
总计	787	247	47	154	1,235

4.1 零形代词和反身代词

表6.2显示，汉语中，91.3%的零形代词和94.1%的反身代词，用于同句内指称。如果采用Ariel的标准，将"同句内"和"前一句"作为短距篇章环境的标志，那么99.0%（＝91.3%＋7.7%）的零形代词和100%（＝94.1%＋5.9%）的反身代词使用于这一篇章环境。根据这一分布状况，完全有理由将汉语中的零形代词和反身代词视为名副其实的高可及性标示语。

4.2 代词

在表6.2中，代词较均匀地分布在"同句内"和"前一句"这两个篇章环境中，用于这两个短距篇章环境中的代词占代词总数的97.5%（＝55.2%＋42.3%）。用Ariel的标准来衡量，汉语代词似乎比英语代词更有资格称为高可及性标示语，因为前者在短距篇章环境中出现的频率比后者高（分别是97.5%和81.3%）。但有理由认为，这并不反映出英汉代词的实际篇章指称功能。

首先，如果我们比较表6.1和表6.2中英汉代词在英汉篇章中使用的频率，我们会发现，在Ariel的英语篇章中，代词占指称词语总数的71.1%（＝529/755）；而在本文的汉语语料中，代词仅占13.2%（＝163/1,235）。严格来说，两表中的绝对数字是不可比的，因为两项研究的语料量都不大，所选语料的文体也不完全相同。但是，总的来说，代词在英语中用得要比汉语多，英语代词的大部分指称功能在汉语中可以由零形代词来承担，这一点似乎无可置疑。试比较下面一段汉语短文及其英译（许余龙，1992：248）。

（6）柯灵，生于1909年，浙江省绍兴人。Ø中国现代作家，1926年Ø发表第一篇作品叙事诗《织布的妇人》。1930年∅任《儿童时代》编辑，1949年以前∅一直在上海从事报纸编辑工作，并积极投入电影、话剧运动。解放后，∅曾任《文汇报》副总编辑。∅现任上海电影局顾问。Ke Ling was born in Shaoxing, Zhejiang Province, in 1909. He is a modern Chinese writer. His first writing, a narrative poem *The Woman Weaver* appeared in 1926. He was one of the editors of *Children's Times* from 1930 onwards. Before 1949 he was all along engaged in editorial work in newspaper offices and took an active part in activities of film and modern drama in Shanghai. After liberation he filled the post of deputy editor-in-chief of *Wenhui Bao* for a period. He is at present adviser to the Shanghai Film Bureau.（《中国现代散文选读》上册，商务印书馆，1983：136-137）

上面的汉语短文用了6个零形代词∅来回指第一句中提到的"柯灵"；而在英语短文中，这一短距篇章回指功能全部由代词he承担。既然汉语中短距篇章指称大多由零形代词来承担，那么汉语代词并非像英语代词那样，完全是高可及性标示语。

其次，表6.1和表6.2主要是采用Ariel（1990）的方法，将是否跨句和跨段作为衡量篇章距离的标准。但是，这一标准本身有其局限性。比如，有时虽然是跨段的，但可能是先行语在前一段的最后一句中，而指称词语在后一段的第一句中，两者之间相隔也仅仅是一个句子。从句子间隔的角度来看，与"前一句"一样，实际间隔距离可能反而比"同段内"短。更重要的是，篇章中的句子有长有短，因此衡量篇章指称距离的另外一个重要标准，是看指称词语与其先行语之间相隔了多少个其他指称词语。因而在 Xu（1995）中，笔者也另外将指称词语间隔距离作为衡量篇章指称距离的一项重要指标。表6.3列出了汉语零形代词、代词和指示词语的指称词语间隔距离，"0"表示无指称词语间隔，"1或以上"表示有一个或一个以上指称词语间隔。

表6.3　汉语零形代词、代词、指示词语的指称词语间隔距离

指称词语间隔距离	零形代词		代词		指示词语	
	出现次数	百分比	出现次数	百分比	出现次数	百分比
0	551	79.8%	84	51.5%	8	47.1%
1或以上	139	20.2%	79	48.5%	9	52.9%
总计	690	100%	163	100%	17	100%

从表6.3中可以看出，近80%的零形代词用于无指称词语间隔的篇章环境中，而代词用于此篇章环境的比例只有51.5%。可以认为，这些51.5%的代词是高可及性标示语。下面例（7）和例（8）分别是汉语零形代词和代词用于无指称词语间隔的篇章环境的例子：

（7）聂郎很直爽，∅又能吃苦耐劳，∅肯帮助别人，∅又听母亲的话。（《"望娘滩"的故事》）

（8）哥哥很贪心，他想独个儿霸占这头牛。（《石榴》）

在例（8）中，完全可以用零形代词来取代句中的代词"他"。在这一篇章环境中，用代词还是用零形代词只是一个文体差别，在指称功能上都表达高可及性。用代词可能是现代汉语欧化用法的反映（见王力，1959：299-367；Xu, 1984；Kubler, 1985）。

从表6.2中我们可以看到，有三个汉语零形代词用于跨段指称，按 Ariel 的标准，跨段是长距篇章环境，通常需要用低可及性标示语。但语料分析显示，这三个零形代词虽然用作跨段指称，但与其先行语之间并无其他指称词语间隔，是典型的高可及性标示语使用的篇章环境，下面的例（9）便是其中的一例。

（9）他还是不歇劲地往前追赶。

有一天，Ø走到了潮白河东岸，……（《二郎
捉太阳的故事》）

这进一步说明，如果像Ariel（1990）那样，只是把句与段作为衡量篇章距离的标准是不够的，还须看指称词语的间隔距离。

表6.3显示，汉语语料中有139个零形代词和79个代词，用于有一个或一个以上指称词语间隔的篇章环境中。下面的例（10）可以用来分析两者之间的区别。

（10）老丈人存心教育他，Ø就借给他一船谷子。
（《种田全靠功夫深》）

在例（10）中，第二小句中零形代词Ø的先行词是第一小句中的"老丈人"，两者之间相隔了一个指称词语"他"；第二小句中代词"他"的先行词是第一小句中的"他"，两者之间也相隔了一个指称词语"Ø"。因此，从指称词语间隔的角度来说，第二小句中的"Ø"和"他"用于相同的篇章环境中。在第一小句中，"老丈人"处于主语的位置，而"他"处于宾语的位置。根据本文引言中提到的Keenan & Comrie（1977）的"名词短语可及性等级序列"，"老丈人"比"他"具有较高的可及性。虽然这一可及性与本文所讨论的可及性是两个不同的概念——前者指的是名词短语作为一个语言单位在大脑记忆系统中的可及性，而后者指的是指称词语（绝大多数也是名词短语）所指的一个实体表征在大脑记忆系统中的可及性，但是两者之间也有联系。有理由相信，正是由于作为一个语言单位，名词短语可及性等级序列左边的名词短语（如主语）比其右边的（如宾语或介词宾语）可及性高，这一名词短语也就较容易在大脑记忆系统中唤出其所指的实体表征，因而这个实体表征也具有较高的可及性。也就是说，在其他条件完全相等的情况下，主语位置上的先行语唤出的实体表征，要比宾语位置上的先行语具有较高的可及性。先行语的这一属性，在Xu（1995）

中由主题性这一概念来表述（关于篇章中主题的识别，见许余龙，1996）。

因此，我们可以认为，读者在处理像例（10）之类的篇章片段时，在他读完第一小句后，他头脑中代表"老丈人"的实体表征，要比代表"他"的实体表征具有较高的可及性。由此可见，第二小句中的零形代词"Ø"标示的是一个高可及性的实体表征，使用于这一篇章环境的零形代词仍是高可及性标示语；而代词"他"标示的实体表征的可及性则要低一些，使用于这一篇章环境的代词，与使用于无指称词语间隔的篇章环境中的代词不同，是一个中可及性标示语。

综上所述，我们可以根据汉语代词出现的篇章环境，把它们分为两类：一类是高可及性标示语，用在无指称词语间隔的篇章环境中；另一类是中可及性标示语，用在有指称词语间隔的篇章环境中。语料分析显示，用作高可及性标示语的代词和零形代词一样，都出现在小句的主语位置上，见例（7）和（8）。而用作中可及性标示语的代词，就像例（10）中的"他"一样，大多出现在小句的宾语位置上。

4.3 指示词语

表6.2和表6.3显示，汉语中指示词语的篇章环境分布和代词相似。进一步的语料分析表明，在本文民间故事语料的17个指示词语中，有2个是指示词（"这""那"）单用，其余是以"指示词＋名词"的形式出现。两个单用的指示词都用于同句内，指称刚提到的一个实体，而且都出现在小句的主语／主题位置上。由于民间故事语料中指示词出现的次数太少，笔者又用香港理工大学中文报刊计算机语料库作验证。在含有855,000个汉字的首期语料库中，指示词单用共有577例，用作回指的有576例，也都出现于小句的主语／主题位置上，指称刚提到的一个实体。这说明，指示词单独使用通常用作高可及性标示语。

"指示词＋名词"形式的指示词语，其分布及指称功能与代词相似。即那些用在无指称词语间隔的篇章环境中、出现在小句主语／主题位置上的指示词语，通常是高可及性标示语；那些用在有指称词语间隔的篇章环境中、出现在小句宾语位置上的指示词语，通常是中可及性标示语。

4.4 专有名词和有定描述语

表6.2显示，汉语中的专有名词和有定描述语的分布较为分散，最多出现在"跨段"（42.2%）和"前一句"（33.9%）这两个篇章环境中，而不是像英语那样，主要集中在"跨段"和"同段内"这两个长距篇章环境中。因此，汉语专有名词和有定描述语标示的可及性，似乎不是很容易确定。但是，如果从另外一个角度来分析语料，即看哪些指称词语主要用于长距篇章环境中，那么答案可能会清楚些。表6.4将表6.2中的数据，按不同篇章环境重新进行分析。

表6.4　不同篇章环境中各类指称词语的使用频率

篇章环境	指称词语形式					小计
	零形代词	反身代词	代词	指示词语	专有名词和有定描述语	
同句内	**630** **(80.1%)**	16 (2.0%)	90 (11.4%)	6 (0.8%)	45 (5.7%)	787 (100%)
前一句	53 (21.5%)	1 (0.4%)	69 (27.9%)	6 (2.4%)	118 (47.8%)	247 (100%)
同段内	4 (8.5%)	0	1 (2.1%)	4 (8.5%)	**38** **(80.9%)**	47 (100%)
跨段	3 (2.0%)	0	3 (2.0%)	1 (0.6%)	**147** **(95.4%)**	154 (100%)
总计	690	17	163	17	348	1,235

从表6.4中我们可以清楚地看出，在"跨段"和"同段内"这两个长距篇章环境中，专有名词和有定描述语使用频率最高，分别达到95.4%和80.9%。由此可见，汉语中的专有名词和有定描述语典型地用作低可及性标示语。

5. 小结

本文通过实际语篇分析，探讨了英汉指称词语在表达可及性方面的异同。正如Brown & Yule（1983：22）所说，语篇分析者所主要关注的是在统计学上达到显著水平的规律性（regularities），而不是绝对的规则（rules）。数据统计分析表明，英汉语中的指称词语都可以看作可及性标示语，而且同样可以分为高、中、低三大类。但是，在两种语言里，哪一类形式的指称词语可以充当哪一类可及性标示语，却不尽相同。共同之处是，专有名词和有定描述语，在两种语言中都主要用作低可及性标示语。两种语言的差别则表现为：在英语中，高可及性标示语主要由代词来充当；而在汉语中，则由零形代词和那些用于无指称词语间隔的篇章环境中、通常出现在主语／主题位置上的代词和指示词语充当。中可及性标示语在英语中由指示词语充当；而在汉语中，则由那些用于有指称词语间隔的篇章环境中、通常出现在宾语位置上的代词和指示词语充当。

当然，本文只是一项初步研究。要全面深入地探讨英汉指称词语在表达可及性方面的异同，还必须区分不同的文体和语域，如叙述体、描写体、政论体以及口语体和书面语体等，进行逐项研究，语料也可以扩大。

参考文献

- 金哲等.新学科辞海[M].成都：四川人民出版社，1994.

- 沈家煊.英汉对比语法三题[M]//刘重德.英汉语比较与翻译.青岛：青岛出版社，1998:100-111.

- 王力.中国现代语法（下册）[M].香港：中华书局，1959.

- 许余龙.对比语言学概论[M].上海：上海外语教育出版社，1992.

- 许余龙.汉英篇章中句子主题的识别[J].外国语，1996(6):3-9.

- ARIEL M. Givenness marking [D]. Te Aviv: Tel Aviv University, 1985.

- ARIEL M. Accessing noun-phrase antecedents [M]. London: Routledge, 1990.

- ARIEL M. Interpreting anaphoric expressions: A cognitive versus a pragmatic approach [J]. Journal of linguistics, 1994, 30: 3-42.

- BROWN G, YULE G. Discourse analysis [M]. Cambridge: Cambridge University Press, 1983.

- CHOMSKY N. Lectures on government and binding [M]. Dordrecht: Foris, 1981.

- CHOMSKY N. Some concepts and consequences of the theory of government and binding [M]. Cambridge: MIT Press, 1982.

- GIVÓN T. Syntax: A functional-typological introduction [M]. Vol. II. Amsterdam: John Benjamins, 1990.

- GIVÓN T. The grammar of referential coherence as mental processing instructions [J]. Linguistics, 1992, 30: 5-55.

- JOHNSON-LAIRD P N. Mental models: Towards a cognitive science of language, inference, and consciousness [M]. Cambridge: Cambridge University Press, 1983.

- KEENAN E L, COMRIE B. Noun phrase accessibility and universal grammar [J]. Linguistic inquiry, 1977, 8: 63-99.

- KUBLER C C. A study of Europeanized grammar in modern written Chinese [M]. Taipei: Student Book Co, 1985.

- LAMBRECHT K. Information structure and sentence form: Topic, focus and the mental representations of discourse referents [M]. Cambridge: Cambridge University Press, 1994.

- MARSLEN-WILSON W, LEVY E, TYLER L K. Producing interpretable discourse: The establishment and maintenance of reference [M]// JARVELLA R J, KLEIN W. Speech, place and action: Studies in deixis and related topics. Chichester: John Wiley and Sons, 1982: 339-378.

- MATTHEWS P. Oxford concise dictionary of linguistics [M]. Oxford: Oxford University Press, 1997.

- PRINCE E F. Toward a taxonomy of given-new information [M]// COLE P. Radical pragmatics. New York: Academic Press, 1981: 223-255.

- WEBBER B L. Discourse model synthesis: Preliminaries to reference [M]// JOSHI A K, WEBBER B L, SAG I A. Elements of discourse understanding. Cambridge: Cambridge University Press, 1981: 283-299.

- XU Y L. Reference as a cohesive tie in Chinese and English narrative discourse: A contrastive study [D]. Hong Kong: The Chinese University of Hong Kong, 1984.

- XU Y L. Resolving third-person anaphora in Chinese texts: Towards a functional-pragmatic model [D]. Hong Kong: The Hong Kong Polytechnic University, 1995.

七　话题引入与语篇回指[20]

——一项基于民间故事语料的英汉对比研究

1. 引言

语篇回指是一个典型的认知过程。在此过程中，说话者/作者使用一个回指语，用于指称言语交际过程中已构建起的语篇记忆表征中的一个实体。而在语篇回指理解的过程中，听话者/读者则可利用说话者/作者所提供的各种语言提示（linguistic cues），结合交际情景和已有的百科知识，在语篇记忆表征中搜索出一个最为可能的实体，作为回指语的所指对象。本文将说话者/作者在语篇中首次引入一个实体所采用的方式，也视为向听话者/读者所提供的一种语言提示，探讨这种语言提示在引导听话者/读者正确理解所引入实体的相对重要性，从而确定该实体是否将成为语篇下文所要谈论的话题。

2. 话题引入的语言手段

话题是语篇中谈论的实体。本文将主要讨论叙述体书面语篇（即篇章）中话题引入与篇章回指的关系，同时所讨论的话题也将主要局限于表示人和物等具体的实体话题（entity topic）（见 Reinhart，1982；Gundel，1988；Lambrecht，

20 原载《外语教学》2007年第6期，1—5页。

1994：127–128）。在叙述体篇章中，这些具体实体话题通常由名词短语引入。其中，有些是作者想着重叙述和谈论的重要话题，有些是次要话题，有些则只是提及而已。语言也为作者提供了不同的表达手段，使作者有可能向读者暗示，篇章中所引入的不同实体作为篇章下文所谈论的（潜在）话题的不同重要性。

在将一个实体首次引入篇章时，作者主要可以使用两类语言表达手段来标示所引入实体的相对重要性。一类是句法手段，另一类是形态手段（详见Givón，1990：第17章，2001：第10、16章；许余龙，2005a）。与话题引入相关的句法手段主要有存现结构（existential-presentative construction）的运用，以及引入话题的名词短语在句中的句法功能。与话题引入相关的形态手段主要有话题引入时所采用的不同类型的名词短语。

为了研究英汉叙述体篇章中话题引入与篇章回指的关系，我从《中国民间故事选》第一、二集（人民文学出版社，1980年第二版）中选择了18篇汉语民间故事，并从Ashliman（2005）中同样选择了18篇英语民间故事，分别建立了"汉语民间故事语料数据库"和"英语民间故事语料数据库"（关于如何建立以研究语篇回指为目的的专用语料数据库，见许余龙，2005b），来分析和讨论英汉叙述体篇章在首次引入话题时，所采用的各种句法和形态手段，以及它们在篇章回指理解中的作用。以下中、英文例句除另注出处外均分别引自上述两个语料库。

3．话题引入的句法手段与篇章回指

语言中的存现结构典型地用于将一个新的重要实体作为话题引入篇章。本文按照Huang（1987）的标准，将以下四类动词认定为表达存现意义的动词，含有这些动词的结构为存现结构：① 表示存在的动词，见例（1），其中加下画线的是存现动词，下同；② 表示某人或某物出现或消失的动词，见例（2）；③ 表示某人或某物所在处所的动词，见例（3）；④ 表示作为某一事件或经历的结果，某人或某物出现于情景中的动词，见例（4）。

（1）a. 从前有个泥水匠叫刘善，……（《八哥》）

   b. Once upon a time there was a young lady called Lady Mary, …（*The Story of Mr. Fox*）

（2）正在这个时候，出了个汉子叫二郎，……（《二郎捉太阳的故事》）

（3）a. 鲁家湾里住着一个姓鲁的老木匠。（《鲁班学艺》）

   b. Constant tradition says that there lived in former times in Soffham（Swaffham），alias Sopham, in Norfolk, a certain peddler, …（*The Peddler of Swaffham*）

（4）a. 从前有个泥水匠叫刘善，他养了一只八哥。（《八哥》）

   b. There was once a grocer who had a beautiful parrot with green feathers, …（*The Parrot*）

为了比较存现结构和非存现结构在首次将话题引入英汉篇章时的不同功能，我统计分析了在英汉18个民间故事中，所有指人实体和那些至少在篇章中提及两次的非指人实体在引入篇章时所采用的句法结构，及其被回指的次数。在汉语数据库中，共含有154个这样的实体，在其后的篇章中，这些实体共被回指1,235次；在英语数据库中，共含有271个这样的实体，在其后的篇章中，这些实体共被回指1,539次。统计结果见表7.1。

表7.1　英汉语篇章中话题引入采用的句法手段及其与篇章回指的关系

句法结构	引入话题数量		被回指次数			
			总次数		平均数	
	汉语	英语	汉语	英语	汉语	英语
存现句	41	19	919	402	22.4	21.2
非存现句	113	252	316	1137	2.8	4.5
合计	154	271	1,235	1,539	8.0	5.7

表7.1显示，在汉语民间故事里提到的154个篇章实体中，41个是由存现结构引入篇章的。这些实体在其后的篇章中共被回指919次，平均每个实体22.4次。而其余用非存现结构引入的113个实体，平均每个实体的被回指的次数只有2.8次。

这一分布特征在英语民间故事中同样显现。在英语民间故事里提到的271个篇章实体中，19个是由存现结构引入篇章的。这些实体在其后的篇章中共被回指402次，平均每个实体21.2次。而其余用非存现结构引入的252个实体，平均每个实体的被回指的次数只有4.5次。

与汉语相比，英语存现结构的一个特殊之处是，该结构中的存现宾语有时也可以是一个非指称性的名词短语，如下面两个例子：

> （5）There was no time to waste words, … (*Jack Hannaford*)
>
> （6）There was no longer any doubt, …(*Witch of Treva*)

在英语民间故事语料中，共有5个这样的存现句。由于这些存现句所引入的实体是非指称性的，因而在其后的篇章中大多不再提及，也不在统计分析的271个实体中。然而，有一个这样的实体在其后的篇章中提及了一次，也在我统计分析的271个实体中，见下面例（7）：

> （7）a. She thought she heard their voices;
>
> b. but there was no sound of terror.
>
> c. Instead of it a tranquil murmuring music, like the voice of doves, singing: …
>
> (*The Lovers of Porthangwartha*)

在此例中，（7c）中的it回指（7b）中存现结构引入篇章的sound of terror。由于sound of terror处于否定词no的辖域中，因而是一个非指称性的实体。

Chen（2004：1134）将此类实体归为"未个体化的（non-individuated）"实体中的一类，并认为这样的实体是"不允许被回指"的。如果接受这一观点，将此例排除在我统计分析的271个实体之外，那么在英语语料中，18个由存现句引入的实体，平均被回指的次数达到22.3次，几乎与汉语（22.4次）完全相同。

上述结果清楚地表明，如果一个实体是采用存现结构引入篇章的，那么这一实体非常有可能是篇章中的一个重要话题，会在篇章下文中详细描述与谈论；相反，如果一个实体是用非存现结构引入篇章的，那么很有可能只是一个次要话题，只会在篇章中简单提及一下，为发展主要话题服务。

话题引入的句法手段与语篇回指的关系进一步体现为，在英汉两种语言中，几乎所有采用存现结构引入篇章的重要话题，都是篇章下文相关回指语[21]最为可及的回指对象（关于可及性理论，见 Ariel, 1990, 2006；许余龙，2000）。这可以从这些实体是否在下一小句或句子中得到回指来验证。在英语语料中，有19个篇章实体是采用存现结构引入的，其中18个〔包括上面的例（7）〕在下一小句中立即被回指。下面的例（8）是唯一的一个例外：

（8）a. Well, one day there was to be <u>a great dance</u> a little way off,

b. and the servants was let go and look at the grand people.

c. Cap o' Rushes said she was too tired to go, so she stayed at home.

d. But when they was [原文如此] gone,

e. she offed with her cap o' rushes, and cleaned

---

21 所谓"相关回指语"是指在性、数、有生性（animateness）等方面与潜在先行语名词短语一致的回指语。

herself, and went to the dance.

（*Cap o' Rushes*）

由此可见，造成例外的主要原因是，（8a）中的 a great dance 是作为一种社交活动而引入的（最后一小句中的 went to the dance 进一步证明了这一点），目的是为篇章所叙述的事件提供场景信息，以便描述事件的参与者所进行的活动，因而不是篇章所主要谈论的话题。

同样，在汉语语料中，41个采用存现结构引入的实体有39个在下一小句中立即被回指，例外的只有下面（9）（10）两例：

（9）a. 从前有一个很厉害的老太婆，

　　 b. 她有一个儿，一个闺女。

　　 c. 儿子……

　　 d. 老太婆只亲自己的闺女，……（《找姑鸟》）

（10）a. 那儿却现出了一垅青幽幽的嫩草，

　　　 b. 聂郎好不高兴，

　　　 c. ∅取出镰刀，

　　　 d. ∅满满割了一背∅。（《"望娘滩"的故事》）

如果仔细观察这两个例子，那么不难理解为什么在这两例中，加下画线的两个由存现结构引入的实体没有在下一小句中立即被回指。在例（9）中，（b）句同时引入了两个实体，即"一个儿（子）"和"一个女儿"。第一个立即成为下一小句谈论的话题，因而对第二个话题的讨论只能延后。而在例（10）中，"一垅青幽幽的嫩草"引入后，需要重新引入一个人物实体，然后才能描述两者之间的动作关系。在这两例中，存现结构所引入的实体都仍然是篇章下文相关回指语最为可及的回指对象。

4．话题引入的形态手段与篇章回指

话题引入的形态手段有时单独使用，有时与一些句法手段同时使用，其功能是向读者提示它们所引入的话题在篇章中的相对重要性。

许余龙（2005a）的研究表明，在汉语篇章中，用于这一功能最重要的形态手段是无定名词短语和光杆名词短语之间的对比[22]。在汉语中，表达名词短语无定性的形态手段主要包括数词加名量词（如果是单数名词短语的话，数词可省略），如"（一）个""两个"等，以及复数名词短语中表示指定（specific）或非指定（non-specific）的数量性词语，如"（一）些""很多"等[23]。

由无定名词短语引入篇章的实体作为篇章中主要话题的相对重要性，部分表现为它们在其后的篇章中提及的次数，因此可以通过统计它们在篇章中被回指的次数来加以验证。在汉语民间故事语料数据库中，共有154个实体被引入篇章。其中，63个实体由无定名词短语引入，84个由光杆名

---

22 由于本节讨论的是汉语中名词短语的形态标记，因此这里所说的"无定名词短语"仅指形态上的无定。至于什么样的名词短语在语义上是无定的，则不是我主要关心的问题。而"光杆名词短语"是指一个将某个实体首次引入篇章、在形态上既没有标记为无定也没有被"这""那"等指示词修饰而标记为有定的名词短语，其中包括专有名词短语。

23 根据Lyons（1999/2005：§1.3.1），更准确地说，这样的名词短语或许可以称为"基数表达式（cardinality expressions）"，虽然Lyons是将此类名词短语放在标题为"简单和复杂无定名词短语"的1.3节中讨论的。而在Chen（2004：§4.1.4）中，除了带有"（一）个""（一）些"等少数几个无定限定词的名词短语被认定为无定名词短语之外，带有"几"和数词加名量词的名词短语与光杆名词短语一样，都被归为中性名词短语。另一方面，Lyons（1999/2005：§1.2.6）和Chen（2004：§4.1.3）都将英汉语中带有全称量词的名词短语归为有定名词短语。

词短语引入[24]。研究发现，由无定名词短语引入篇章的实体，在其后的篇章中平均被回指15.8次；而由光杆名词短语引入篇章的实体，在其后的篇章中平均被回指的次数仅为2.8次（详见许余龙，2005a：表2）。这清楚地表明，总的来说，无定名词短语在汉语篇章中主要用于引入一个（潜在的）重要话题。

通过无定名词短语和光杆名词短语的对比来标示引入实体的相对重要性，还反映在这些实体在其后的篇章中是否会被回指。研究表明，一半以上（53.8%）由光杆名词短语引入篇章的实体在其后的篇章中从未被回指，而未被回指的实体仅占由无定名词短语引入篇章的实体总数的4.8%（详见许余龙，2005a：表3）。这一结果再次说明，总的来说，无定名词短语在汉语篇章中主要用于引入较重要的实体，作为篇章下文的回指对象。

我采用同样的方法，对英语民间故事中用于将一个实体首次引入篇章的不同类型的名词短语进行了分析。考虑到英汉之间的可比性以及英语的特殊性，我根据其话题引入功能，将英语名词短语分为如下四类：① 无定名词短语，即带有不定冠词的单数名词短语和带有零冠词的复数名词短语；② 有定名词短语，即带有定冠词、物主代词和指示代词的名词短语；③ 专有名词，包括

---

24 其余7个由零形代词和人称代词引入，在篇章中平均被回指的次数仅为0.7次。由于这些名词短语所引入的是一些任意指称对象（arbitrary referents），不可能成为篇章所谈论的真正的话题，因而这里不作讨论。

带有头衔和称谓的专有名词；④ 其他名词短语，包括人称代词[25]、零形代词[26]、全称代词[27]（如 all 和 every）和否定名词短语。分析结果如表7.2所示。

25 语料分析显示，英语民间故事中的代词用于引入话题时可以具有如下几个不同的功能：① 引入一个抽象实体；② 首次合指两个或两个以上在篇章上文独立提及的实体；③ 间接指称一个篇章上文提及的实体；④ 泛指。各举一例如下：
 (i) 代词下指，用于引入一个抽象实体
  a. Although it was evident to all the parish that Frank and Nancy were seriously devoted to each other,
  b. the young man's parents were blind to it, …
  (*The Specter Bridegroom*)
 (ii) 代词合指两个在篇章上文独立提及的实体
  a. "Well, I want a man to help me thresh a mow of wheat," says the farmer.
  b. "All right," says the devil, "I'm your man."
  c. When they got to the barn, … (*they* = the farmer + the devil)
  (*The Devil and the Farmer*)
 (iii) 代词间接指称一个篇章上文提及的实体
  a. There was a farm house situated a long way from anywhere, about five or six miles from the nearest house.
  b. At this farm they had a terrible lot of fruit trees, … (*they* = the people living in the farm house)
  (*The Jamming Pan*)
 (iv) 代词用于泛指
  They have a tradition at Winterton that there was formerly one Mr. Lacy, … (*they* = the people at Winterton)
  (*The Ungrateful Sons*)

26 与汉语民间故事中的零形代词不同，英语民间故事中唯一用于引入一个新实体的零形代词出现在非定式小句中，下指定式小句的主语，见下例：
  a. After long consultation, and ∅ being persuaded by the parson to carry the old woman very quickly into the churchyard, while he walked before,
  b. six others made the attempt, … (∅ = six others)
  (*Witch of Treva*)

27 下例中的两个全称代词将两个新实体引入英语篇章：
  a. But it was a female,
  b. and as such could not hold its tongue,
  c. but proclaimed aloud all that it knew,
  d. announcing to everyone who entered the shop the little circumstances which had fallen under its observation.
  (*The Parrot*)

表7.2　英语篇章中话题引入采用的形态手段及其与篇章回指的关系

名词短语类型	引入话题数量	被回指次数	
		总次数	平均数
无定名词短语	113	822	7.3
有定名词短语	120	584	4.9
专有名词	15	85	5.7
其他	23	48	2.1
合计	271	1,539	5.7

表7.2显示，在英语篇章中，由无定名词短语引入篇章的实体，在其后的篇章中平均提及的次数为7.3次；而由有定名词短语和专有名词引入篇章的实体，在其后的篇章中平均提及的次数分别为4.9和5.7次。这表明，总的来说，无定名词短语在英语篇章中也较多用于引入一个（潜在的）重要话题。但是，如果将英语中的专有名词也视为有定名词短语，那么英语中有定和无定名词短语在标示所引入话题的相对重要性方面，两者之间的差别远不如汉语中无定名词短语和光杆名词短语之间的差别那么显著（在汉语中两者分别为15.8和2.8次）。

我进一步分析了不同类型的英语名词短语所引入的实体在其后的篇章中被回指的概率，结果如表7.3所示。表7.3中的数据再次说明，总的来说，在英语篇章中，由有定名词短语和专有名词引入篇章的实体在其后篇章中从未被回指的百分比，要比由无定名词短语引入篇章的实体高（分别为13.3%和7.1%）。但是，与汉语相比，两者之间的差别同样远没有汉语无定名词短语和光杆名词短语之间的差别（分别为53.8%和4.8%）那么显著。

表7.3　英语各类名词短语引入的实体在篇章下文中的被回指情况

名词短语类型	引入实体的数量	从未被回指的实体数	百分比
无定名词短语	113	8	7.1%
有定名词短语和专有名词	135	18	13.3%
其他	23	6	26%
合计	271	32	11.8%

5. 形态和句法手段对篇章回指的综合影响

上两节分别分析了英汉话题引入的句法和形态手段及其与篇章回指的关系，本节将进一步分析两者之间的相互作用对篇章回指产生的综合影响。我发现，虽然仅就形态手段而言，英语中有定名词短语（包括专有名词）和无定名词短语在标示所引入话题的相对重要性方面差别不是十分显著，但是如果结合分析这些名词短语的句法功能（见表7.4），那么英语中话题引入手段与篇章回指的关系便变得更为清晰了。表7.4显示，英语民间故事中的重要话题倾向于采用如下三类名词短语引入：① 用作存现宾语的无定名词短语（在篇章中平均被回指的次数为22.3）；② 用作间接宾语的有定名词短语（平均被回指次数为14.3）；③ 用作主语的专有名词（平均被回指次数为16.3）。其中，第一类名词短语用于引入最为重要的话题，也是篇章下文最为可及的回指对象。

表7.4　英语篇章中话题引入采用的形态句法手段
及其对篇章回指的综合影响

名词短语类型	句法位置	数量	被回指总次数	平均数
	存现宾语	**18**	**401**	**22.3**
	主语	33	229	6.9
无定名词短语	宾语[28]	32	121	3.8
	旁语	24	57	2.4
	名词修饰语	6	14	2.3
	主语	32	190	5.9
	宾语	30	186	6.2
有定名词短语	**间接宾语**	**3**	**43**	**14.3**
	旁语	40	101	2.5
	名词修饰语	15	64	4.3

28　这里，"动词宾语"并不包括存现结构中存现动词后的名词短语。根据Wald（1983：98）和Huang（1987：232）的分析方法，假定存现句中表明某实体存在的那个无定名词短语是存现动词的宾语。Givón（1990：741）所持的观点与此不同，他将存现句中的无定名词短语处理为存现动词的无定主语。

名词短语类型	句法位置	数量	被回指总次数	平均数
专有名词	**主语**	**4**	**58**	**16.3**
	宾语	1	1	1
	旁语	5	10	2
	名词修饰语	5	16	3.2
其他	主语	13	39	3.0
	宾语	5	5	1
	间接宾语	3	3	1
	名词修饰语	1	0	0
	存现宾语	1	1	1
合计		271	1,539	5.7

有趣的是，我对汉语民间故事语料所做的相似分析（结果见表7.5）却显示，句法和形态手段之间的相互作用并不能对汉语篇章回指产生类似的影响。表7.5显示，在汉语篇章中，用作存现宾语的无定名词短语似乎是引入重要篇章话题的唯一形态句法手段。出现在其他句法位置上的无定名词短语，以及无论出现在什么句法位置上的其他名词短语，通常都只是用于引入一个次要话题。

表7.5　汉语篇章中话题引入采用的形态句法手段及其与篇章回指的关系

名词短语类型	句法位置	数量	被回指总次数	平均数
无定名词短语	**存现宾语**	**41**	**919**	**22.4**
	主语	4	18	4.5
	宾语	17	55	3.2
	旁语	1	2	2
光杆名词短语	主语	46	69	1.5
	宾语	25	94	3.7
	旁语	5	37	7.4
	名词修饰语	3	24	8
专有名词	主语	5	12	2.4
其他	主语	7	5	0.7
合计		154	1,235	8.0

汉英无定名词短语在篇章功能方面的另一个区别是，汉语篇章中的无定名

词短语典型地出现在存现结构中，用于引入一个新的重要话题。在我们的汉语民间故事语料中，共有63个无定名词短语，其中的65.1%（41例）出现在存现结构中。事实上，在汉语语料中，唯一能出现在存现结构中的名词短语是无定名词短语。相反，正如表7.4所显示，在英语民间故事语料里的113个无定名词短语中，只有18个（占总数的15.9%）出现在存现结构中，用于引入一个新的重要话题。而更多的无定名词短语则用作非存现句的主语（33例）、宾语（32例）和旁语（24例），用于引入次要话题。

6. 英汉重要话题标示的附加手段

许余龙（2005a）提到，汉语无定名词短语的前面有时可以加上一个指示形容词"这么"，用于引入一个非常重要的篇章话题。这个"这么"是一个无定指示词，其功能与（美国）英语口语中的无定指示词this十分相似，两者都用于标示一个重要话题。但是在用法上，汉语中的"这么"用在一个无定名词短语的前面，进一步强调该名词短语所引入的篇章实体的重要性；而英语中的this则用于取代一个不定冠词，作为引入一个重要话题的强调形式。试比较如下两例（英语例子引自Smith *et al.*, 2005: 1885）：

（11）有<u>这么</u>一家有钱的，他白价黑夜的光打算怎样发财，总想占人家的便宜。(《元宝》)

（12）…basically the major characters, there was himself and then <u>this</u> girl, …

在英语叙述体篇章中，标示重要话题的另一个附加手段是，用表示强调的one来取代不定冠词a，见下例：

（13）They have a tradition at Winterton that there was formerly <u>one</u> Mr. Lacy, …(*The Ungrateful Sons*)

Burchfield（1985: 51）指出，在英语口语中，如果one用在一个带有形容词修饰语的名词前面，如在下面的例（14）中，那么它表示强调，意为a very。然而在例（13）中，one似乎被用作a的强调形式，以便进一步突出专有名词Mr. Lacy所引入话题的重要性。

（14）He's one dexterous handler of words.

7. 小结

本文研究表明，英汉两种语言在将新实体作为（潜在）话题引入篇章时，所采用的形态句法手段有同有异。主要相似之处为：① 在英汉篇章中，用作存现宾语的无定名词短语不仅是引入重要话题的主要手段，而且意味着它们所引入的实体是篇章下文相关回指语最为可及的回指对象；② 英汉语中都有一个无定指示形容词this和"这么"，与上述话题引入手段配合使用，进一步强调所引入话题的重要性。英汉两种语言最主要的差别是：① 在汉语篇章中，存现结构中的无定名词短语似乎是引入一个最为重要和可及的篇章话题的唯一形态句法手段；而在英语篇章中，除了这一手段之外，用作间接宾语的有定名词短语和用作主语的专有名词也可以用于引入一个相对重要的篇章话题。②在英语篇章中，还有另外一个标示重要话题的附加手段，即以one代替a，以便进一步强调所引入话题的重要性。

当然，上述结果是通过对小型英汉民间故事语料的分析研究而获得的。英汉之间在其他篇章类型中是否也呈现类似的异同，仍需进一步研究和检验。

参考文献

- 许余龙. 英汉指称词语表达的可及性[J]. 外语教学与研究, 2000(5): 321-328.

- 许余龙. 从回指确认的角度看汉语叙述体篇章中的主题标示[J]. 当代语言学, 2005a(2): 122-131.

- 许余龙. 语篇回指实证研究中的数据库建设[J]. 外国语, 2005b(2): 23-29.

- ARIEL M. Accessing noun-phrase antecedents [M]. London: Routledge, 1990.

- ARIEL M. Accessibility theory [M]// BROWN K. Encyclopedia of language and linguistics. 2nd ed., Vol. 1. Oxford: Elsevier, 2006: 15-18.

- ASHLIMAN D L. Folktexts: A library of folktales, folklore, fairy tales and mythology [EB/OL]. [2005-06-09]. http://www.pitt.edu/~dash/folktexts.html#a and http://www.pitt.edu/~dash/folktexts2.html#w.

- BURCHFIELD R. The English language [M]. New York: Oxford University Press, 1985.

- CHEN P. Identifiability and definiteness in Chinese [J]. Linguistics, 2004, 42(6): 1129-1184.

- GIVÓN T. Syntax: A functional-typological introduction [M]. Vol. II. Amsterdam: John Benjamins, 1990.

- GIVÓN T. Syntax: An introduction [M]. Vol. II. Philadelphia: John Benjamins, 2001.

- GUNDEL J K. Universals of topic-comment structure [M]// HAMMOND M, et al. Studies in syntactic typology. Amsterdam: John Benjamins, 1988: 209-239.

- HUANG C-T J. Existential sentences in Chinese and (in)definiteness [M]// REULAND E J, TER MEULEN A G B. The representation of (in)definiteness. Cambridge: MIT Press, 1987: 226-253.

- LAMBRECHT K. Information structure and sentence form: Topic, focus, and the mental representations of discourse referents [M]. Cambridge: Cambridge University Press, 1994.

- LYONS C. Definiteness [M]. Beijing: Beijing University Press, 1999/2005.

- REINHART T. Pragmatics and linguistics: An analysis of sentence topics [M]. Bloomington: Indiana University Linguistics Club, 1982.

- SMITH S W, NODA H P, ANDREWS S, JUCKER A H. Setting the stage: How speakers prepare listeners for the introduction of referents in dialogues and monologues [J]. Journal of pragmatics, 2005, 37(11): 1865-1895.

- WALD B. Referents and topic within and across discourse units: Observations from current vernacular English [M]// KLEIN-ANDREU F. Discourse perspectives on syntax. New York: Academic Press, 1983: 91-116.

八 英汉下指的篇章功能和
语用分析[29]
——兼谈汉语第三人称代词照应的
单向性问题

1. 引言

下指（cataphora，或译"预指"）又称逆回指（backwards anaphora）。在英语语篇中，第三人称代词虽然主要用于回指，但也可用于下指，van Hoek（1997）便在英语自然语篇中收集到了500个第三人称代词下指的例子。

而在汉语中，对于第三人称代词是否也可用于下指这个问题，却存在着两种截然不同的观点。一种观点以王宗炎（1994）为代表，认为"汉语人称代词只有回指作用，没有预指作用"，因为如果将下面的（1）直译为（2）后，"一般人不会认为'他'就是哲罗德"（王宗炎，1994：38）。要使两者同指，在汉语中一般必须是名词先出现，代词后出现。王灿龙（2000，2006）将此称为汉语第三人称代词照应的"单向性原则"。

（1）Before he joined the Navy, Jerald made peace with the family.

（2）在他参加海军之前，哲罗德与家人言归于好。

---

29 原载《外语教学与研究》2007年第6期，417—423页。作者为许余龙、贺小聃。

另一种观点却认为，汉语也基本上符合 van Hoek 所提出的回指阐释理论模式，即"线性语序对参照点选择的影响较弱，比不上显著性和概念关联性产生的影响"（高原，2003：190）。因而在一个汉语句子中，同指的代词和名词不一定要严格遵守上述"单向性原则"。

本文采用 van Hoek（1997）的研究取向，即研究"实际使用中所见的逆回指模式，并解释各种构式的相对使用频度或罕见性"（van Hoek，1997：107），致力于较全面地分析英汉两种语言中各类不同的下指现象，探讨其篇章功能和语用特点。

2. 英语中的下指及其相应汉语表达法

2.1 Van Hoek 的英语下指研究

Van Hoek（1997，本小节所注的页码皆系该书页码）在讨论英语下指问题之前，首先区分了"真正逆回指（genuine backwards anaphora）"和"重新标识（repeat identification）"。她所说的"真正逆回指"是指那些只有将代词识解为与下文中的名词同指才能获得正确理解的情况，如下面的（3）和（4）。而"重新标识"是指代词的指称对象在上文中已明确提及，其后的名词只是用于重新标识这个指称对象，下面的例（5）取自"英语民间故事语料数据库"[30]。

> （3）Colie is a seeker. Robin is a discoverer. With a major college scholarship awaiting her signature, Colie has grabbed the brass ring. (p. 110，文中提到的 Colie 和 Robin 都是女性，如果第三句中的 her 是回指的话，通常会理解为与 Robin 同指，与正确理解相悖，因而只能认为是下指下文的 Colie)

---

30 语料库为笔者自建，详情见127页。

（4）It may not be great, but "Footsteps" is not that bad. (p. 116，此句是一篇文章的标题，因而句中的 It 只能认为是下指"Footsteps"）

（5）She sat up and tried her wings. …Then spreading her wings, Polly flew away. (*The Parrot*，第二句中的 her 虽然与后面的 Polly 同指，但在语篇中回指前一句的主题 she)

Van Hoek运用Langacker的认知语法框架，提出了回指阐释的参照点理论（简介见许余龙，2002），其中两个最重要的概念是概念参照点（conceptual reference point）和领地（dominion）。认知主体对参照点的选择以及对领地的确定受如下三个一般因素的影响：① 显著性，即如果X在包含Y的语境中具有显著性，那么X比Y更有可能被选为参照点；② 线性语序，即在其他条件相等的情况下，如果X比Y先被感知，那么X比Y更有可能被选为参照点；③ 概念联系性。

"真正逆回指"和"重新标识"的区别在于：前者在线性语序上是代词出现在名词的前面，容易造成认知主体在确定参照点时作出错误的判断；而后者则不存在这个问题。因此，van Hoek的基本观点和理论预测是，在典型的"真正逆回指"构式中，名词在显著性方面应该明显高于同指的代词，使其足以抵消线性语序的影响，以便使认知主体正确选择名词作为参照点；而在"重新标识"的构式中，这种明显的不对称并不是必需的。

为了验证这一理论假说，van Hoek收集了500例含有"真正逆回指"的句子（其中大部分是日常阅读时随意收集的，来源包括小说、报刊、博物馆展品说明、公交车上的标示牌、林肯纪念堂墙上的铭刻等；但也有相当一部分是从流行杂志等书面语篇中特意搜集的），并从流行杂志（主要是《读者文摘》）和科幻小说中特意搜索出100个含有"重新标识"的句子与其比较。

她通过图形/背景调节（figure/ground alignment）和语义结构突出了（profiling）两个方面，分析了构式中名词和代词之间在显著性方面的不对称。结果显示，在"真正逆回指"语料中，61%的句子〔如下面的例（6）〕具有如下主要构式特征：① 先行语名词是主语，即小句中最显著的名词性成分；② 代词是前置介词短语中的一个成分，整个介词短语充当小句的一个修饰语，由于修饰语并不是合成概念（此处指整个句子的语义结构）中所突显的侧面，因而其显著性明显低于动词的主目（argument），即动词的主语和宾语；③ 在介词短语中，代词本身又是一个名词修饰语的一部分，进一步降低了其在整个句子中的显著性。这一构式可称为"真正逆回指"的典型构式。而在"重新标识"语料中，此构式的句子仅占31%。另有19%的"真正逆回指"句子具有（7）所示的构式，即代词充当主句修饰语的前置状语从句的主语，而先行语名词是主句的主语。同理，这些构式中的代词的显著性也明显低于名词。

（6）In his *Prairie Home Companion* radio series, Garrison Keillor brought a remote part of Minnesota to life. (p. 112)

（7）Before he was shot dead by police on a field near the international border, Roger Varela was out of word and "bored". (p. 113)

含有"重新标识"的句子则具有不同的构式特点。最为明显的是，在"重新标识"语料中出现了一些代词的显著性高于其先行语名词的句子，如下面的例（8）和（9）。在100句"重新标识"的句子中，这样的句子分别有5例和4例；而在500句"真正逆回指"的句子中，完全没有这样的句子。

（8）Margaret and Dewi told her about her legs as soon as Sara regained consciousness. (p. 130)

（9）Furthermore, his studio gave Les a place to perfect his multiple-recording techniques. (p. 130)

由此可见，van Hoek语料分析的结果，证实了她对英语中"真正逆回指"

和"重新标识"的典型和允许的构式所做出的基本预测。

2.2 Van Hoek研究的不足之处

虽然van Hoek的语料分析可以证实她的理论推断,但要全面了解英语中回指和逆回指的特点,似乎还可以做下面一些改进。

第一,在语料的搜集方面,可以选用某一类语篇的代表性文本,对其中所有的回指和逆回指做系统的、穷尽性的统计与分析,以便对回指和逆回指在文本中出现的总体频数、各类构式的频数、惯常出现的语境和使用功能等进行详细分析,更好地了解语篇中指称照应使用的全貌,揭示逆回指相对于回指的特点和使用规律。

第二,在分类方面,van Hoek区分了"真正逆回指"与"重新标识"两大类。这是一大进步,有助于澄清在英语语篇中,而不是在剥离了上下文的单句中,究竟有没有逆回指。但是,要进一步研究逆回指的构式特点和篇章语用功能,她的"真正逆回指"这一类别还可以细分为两个小类:一类是代词所指称的实体在语篇上文中完全没有提到,"真正"是下指语篇后面出现的名词所首次标识并引入语篇的实体,如上面的例(4),我们将其简称为"语篇下指";另一类是代词指称的实体在语篇上文中已经提到过,只是其先行语不是前一句的主语/主题,如上面的例(3),其中代词her的先行语Colie虽然不是前一句的主语,但在再前一句(此例的第一句)中提到,我们将其简称为"局部语篇下指"[31]。前一小类是真正意义上的语篇下指,也只有此类实例才真正构成"单向性原则"的反例。而后一小类实际上也是一种重新标识,只不过不是重新标

---

31 "局部语篇"(local discourse)这一说法借自向心理论(centering theory),向心理论主要研究局部语篇连贯性。这里的"局部语篇下指"和"局部语篇回指"主要试图区分语篇中相邻两句之间的两种不同指称形式,因此似乎也可以简单称之为"句间下指"和"句间回指"。不采用"句间"这一更为简单清楚的说法,主要是为了强调这是语篇中的句间,而不是孤立的两个句子之间的关系。如果仅就句间关系而言,不考虑大的语篇语境,那么"局部语篇下指"也是"句内下指"(两者在表8.1的"本句内"一栏中具有相同的特征),无法将两者区分开来。

识句中代词所指称的实体，而是重新标识语篇谈论的主题，或者说标识主题或场景的转换，这正是名词作为低可及性标示语的主要语篇功能之一（见 Ariel, 1990；许余龙，2000，2003，2004）。我们将 van Hoek 所说的用于"重新标识"的下指称为"句内下指"。

第三，为了对前置小句修饰语（preposed clausal modifier）[32] 中代词的指称照应有一个更全面的了解，我们还可以增加一个新类，即此类代词与语篇前一句的某个（通常是用作主语/主题的）名词短语同指，但与同句主句中的名词短语（通常是主语名词短语）异指，如下面取自"英语民间故事语料数据库"的例（10）。我们把此类指称照应模式简称为"局部语篇回指"。这类句子与前面的例（3）形成对比，我们可以研究这两类指称模式在篇章功能方面的异同。

（10）So the younger daughter left her father's house …
As she walked through a wood one day listening
to the songs of the birds, a prince came hunting
for deer, … (*Sugar and Salt*)

综上所述，我们可以用下面的特征矩阵（feature matrix，见表8.1），来定义此小节中提到的四种指称照应模式[33]。

---

32 Van Hoek 用这一术语泛指所有用作小句修饰语的前置介词短语和前置状语；见 p. 112-113；p. 238，Note 3。

33 按照语篇处理研究的通行做法，我们将所要处理的回指语所在的句子称为"本句"。表中的"前一句"是指"本句"的前一句。为了叙述简便，表中的"语篇上文"是指除了"前一句"之外，同一语篇中所有出现在"本句"前的句子。同样，为了叙述方便和节省篇幅，在表中我们省略了与"前一句"和"语篇上文"相对应的"后一句"和"语篇下文"。因此"语篇下指"在"本句内"一栏中的特征符号"±"表示，用于语篇下指的代词，其先行语名词可以出现在本句内，也可以不出现在该句中，而是出现在"后一句"或"语篇下文"中。

表8.1　四种指称照应模式的定义

	语篇上文		前一句		本句内	
	回指	下指	回指	下指	回指	下指
句内下指	±	−	+	−	−	+
语篇下指	−	−	−	−	−	±
局部语篇下指	+	−	−	−	−	+
局部语篇回指	±	−	+	−	−	−

2.3　英语下指的相应汉语表达法

实际上，即便在英语语篇中，"真正逆回指"句子也出现得很少。我们系统地从9篇英语短篇小说中搜索到55个含有下指的句子，但这些句子都是van Hoek所说的"重新标识"（即我们所说的"句内下指"）句子，而不是"真正逆回指"句子（详见He, 2005）。不过，我们至少可以先从这些句子的汉译中，来看一下汉语是否也可以用句内下指的方式来表达相同的指称照应关系，如果可以，又常用哪几种构式。

在与这9篇英语短篇小说的比较分析中，1篇采用了两个汉语译本，其余8篇都采用一个汉语译本。因此，与上述55个英语句内下指句子翻译对应的共有62个汉语句子，这些汉语句子的指称照应方式如表8.2所示（其中N=名词，P=代词，∅=零形代词；由于55句英语句子都是句内下指，因此其指称照应方式都是P + N）。

表8.2　英语句内下指的汉译对应方式

指称照应方式		句子数（%）	小计
回指	N + P	18 (29.0%)	33 (53.2%)
	N + ∅	9 (14.5%)	
	P + P	3 (4.8%)	
	P + ∅	2 (3.2%)	
	N + N	1 (1.6%)	
下指	P + N	18 (29.0%)	29 (46.8%)
	∅ + N	11 (17.7%)	
合计		62 (100%)	62 (100%)

各类指称照应方式，从这9篇短篇小说及其汉语译本中各举一例如下：

（11）… so that immediately upon emerging from his retreat, Bartleby might snatch it and proceed to business without the least delay. (*Bartleby the Scrivener*)

……等巴托比马上从他的隐身处出现时，可以一把抓去，迫不及待地工作起来。（N＋P，《轶事巴托比》，余光中译）

……心想等巴特尔比一从他的那个角落里出来时，他就可以把那份抄件接过去，一点也不耽搁地开始校对。（《巴特尔比》，曹庸译）

（12）After she put the receiver down, Lisa called to Ginny, "…" (*A Second Look*)

莉莎挂上电话后，∅对吉奈叫道："……"（N＋∅，《再看你一眼》，吴亦杨译）

（13）When she got to the double doors that opened onto the backyard, Marcie gasped with delight. (*Love in Bloom*)

当她穿过开向后院的双扇门时，她兴奋地嘘了一声。（P＋P，《情窦初开》，之井译）

（14）As soon as she got home, Vonnie took a quick shower. (*Chance of a Lifetime*)

她一回到家，∅迅速洗了个澡。（P＋∅，《一生的机会》，钮因尧译）

（15）She would tell Tony that she disapproved of lying. Also, she'd tell him that there was no reason to keep Steven from knowing she was going out with Tony tonight. (*Never Too Late*)

她将告诉托尼她不赞成说谎，再说，她要告

诉托尼，也没必要不让史蒂文知道她和托尼今晚外出。（N+N，《永不言迟》，吴亦杨译）

（16）The night before her first day at work, Angie stood in her new studio apartment putting her new winter clothes into the closet. (*A Love to Share*)

在她上班的前一天，安吉在她的新住所里把过冬的新衣放进壁橱。（P+N，《情投意合》，张克芸译）

（17）a. For her first performance, Angie had decided to wear a long blue cotton skirt and a Victorian-style white blouse. (*A Love to Share*)

（∅）第一次演出，安吉决定穿蓝色棉布长裙和维多利亚式白色上衣。（∅+N，《情投意合》，张克芸译）

b. After she hung up, Vonnie read the recommendations once again. (*Chance of a Lifetime*)

∅挂上电话后，沃尼把推荐信又读了一遍。（∅+N，《一生的机会》，钮因尧译）

表8.2显示，英语句内下指句子在译为汉语时，多数（53.2%）采用回指而不是下指。而且我们发现，在采用和英语一样的P+N照应方式的18个汉译句子中，14句的译文如果改用N+P或∅+N句式的话（如可将例16的译文改为"∅上班前一天……安吉"），指称会更明确，更符合汉语的表达习惯。

以上分析至少可以说明如下三点：① 真正的下指即便在英语中也很少见；② 英语句内下指（但语篇回指）的句子在译为汉语时，多数可以采用回指的照应方式；③ 汉语句内下指的惯用构式通常是∅+N，而不是P+N。

3. 汉语中的下指及其相应英语表达法

3.1 汉语中的下指

以往的汉语下指研究并没有严格区分van Hoek（1997）的"真正逆回指"和"重新标识"。而且正如我们在2.2节中所指出的，只有"语篇下指"的句子才能真正成为"单向性原则"的反例。因此，本小节主要讨论汉语语篇下指的句子在篇章分布和照应形式上的特点。为此，我们组织了另一项研究（详见Yuan, 2005），从汉语报刊和小说中，特意搜集了41例用于语篇下指的句子。在这些句子中，40句是报刊的标题或小标题，其中的代词或零形代词指称句子中后面出现的或文章正文中出现的名词。只有1句是文章的开头第一句，见下面例（18）。

> （18）她是英国历史上第一位女首相，她曾在国际政治舞台上叱咤风云，她就是被人们称为"铁娘子"的撒切尔夫人。（"名流"，《新闻晚报》2005.10.16）

由于"名流"是《新闻晚报》的一个小专栏，每天介绍一位名人，每篇介绍本身没有小标题，因而此句的作用相当于一个小标题〔试与下面的（20b）相比较〕，或者可以说是准小标题。

其余40句共分如下三种下指构式类型：① ∅＋N型，即语篇零形代词下指，共3例；② P＋N型，即语篇代词下指，共4例；③ P型，即语篇代词下指，但先行语名词在句中没有出现，而是出现在后面的正文中[34]，共33例。各类分别举例如下：

---

34 文献（包括van Hoek, 1997）中，这种情况通常也被认为是下指。

（19）<u>∅用丁字裤遮羞 浑身画满"衣服" 新西兰政客</u>裸走500米（∅＋N型，《上海译报》2005.9.29）

（20）a. <u>他在平凡的检验岗位上闪光——记仁济医院检验科共产党员张军</u>（P＋N型，《新闻晨报》2005.9.19）

b. <u>她的美丽差点掩盖了她与生俱来的才华 张静</u>·演绎激情（《青年参考》2005.9.28《6位入选〈时代〉亚洲英雄》一文中的小标题）

（21）a. 岁月如歌，<u>她</u>咏叹了百年（P型，《新闻晨报》2005.9.20）

b. <u>他</u>早已预知"9·11"要发生（P型，《上海译报》2005.9.15）

从上述三种下指类型的出现频率来看，"P"型用得最多，占82.5%（＝33/40）。虽然这些句子大多出现在非译文类报刊中，但也可出现在译文类报刊中（如21b），这说明英汉报刊的标题均可采用这种下指形式。此类句子浓缩了篇章的关键信息，但只出现代词，不提事件主人公的名字，设下悬念，以吸引读者继续读下去。"P＋N"型句子的前半部分与"P"型相似，浓缩了篇章的主要信息，所不同的是，后半部分点出了主人公的名字。此类句子似乎是汉语人物介绍类篇章的标题所特有的句式，4句都出现于非译文类报刊中。而3句"∅＋N"型句子则都出现在《上海译报》上。这些句子显然译自外语，最有可能是英语。

上述语料分析表明，汉语中确实有真正的语篇下指，但很少用，且通常只出现于篇章标题中，或出现在相当于标题的一类文字中，如人物、展品的一句话简介等[35]。此类文字的共同特点是高度浓缩概括。

3.2 汉语下指的相应英语表达法

在2.3节中我们指出，英语句内下指的汉译除了可改用回指句式之外，也可采用"∅＋N"的句内下指形式。同时，汉语标题中的语篇下指也有"∅＋N"形式，而且在文章中间还会出现"∅＋P"的指称照应形式。那么在汉语的此类句子中，含有句首零形代词的小句在整个句子中的功能是什么？为什么在这样的句子中，零形代词要出现在前，而与其同指的名词或代词出现在后？我们可以从Li（2004）的研究中得到一些启发。

Li（2004）研究的是汉语句首零形代词的指称照应问题，而不是专门研究下指。她分析了《骆驼祥子》第14至19章中所有这样的句子：句中至少含有两个小句，其中第一小句的句首是个零形代词，其后的小句中出现一个显性的主语／主题。这样的句子共有81个，其中句首零形代词下指的有75个，占总数的92.6%，回指的有6个，占总数的7.4%（Li，2004：35，表1）。不过，她所说的下指主要是指句内下指（但不排除局部语篇下指）；只有当句首零形代词与后面小句的主语／主题名词不同指时，她才算作回指（见下面的例22，其中第一个∅回指上句的主题"他"，而不是本句后面的"虎妞"）。

Li发现，句首零形代词与非句首零形代词有一个重要区别。前者的指称跨度总是很小，这主要表现在两个方面：① 句首零形代词小句结构简单，长度短；② 出现在句首的零形代词小句最多不超过3个。相反，后者的指称跨度可以很大，由4个或5个含有零形代词的小句构成的回指链很常见，而且中间可以插入其他小句（Li，2004：36）。她认为，这与句首零形代词小句的功能有密切联系。这样的小句被认为在篇章中通常用于背景描述；而后面含有显

---

35 当然，在文学作品等一些篇章中，有时作者为了制造悬念以吸引读者，故意使用语篇下指。但是，正如van Hoek（1997：110）所指出的，此类下指与通常所研究的逆回指不同，其中的代词会一连出现在好几句中，然后才出现与其同指的名词；而在通常研究的逆回指中，代词和与其同指的名词出现在同一句中。如按此标准，上面语料中33句"P"型语篇下指句子也不能算是通常所研究的逆回指句子。

性主语/主题的小句，以及其后同一回指链中的小句，用于表达前景活动或事件。她的研究从两个角度验证了这一假设。

首先，她从句首零形代词小句的结构特点来分析。这些小句的结构可归纳为如表8.3所示的五种类型（引自Li，2004：38，表2）。

表8.3　句首零形代词小句的结构特点

类型	小句数
状语小句	11
"–着"	15
无标记动词	33
"–了"	20
其他	2
合计	81

各类小句各举一例Li的例子如下：

（22）他下了决心，……。∅一进屋门，虎妞在外间屋里坐着呢，∅看了他一眼，∅脸沉得要滴下水来。（状语小句）

He had made up his mind: …As soon as he got in the door, he saw Tiger Girl sitting in the outer room. She looked at him, her face so deep in storm it seemed as if torrents would pour out of it in that instant.（Evan King 译）

（23）祥子一口气跑回了家。∅抱着火，∅烤了一阵，他哆嗦得像风雨中的树叶。（"–着"小句）

Happy Boy pulled his rickshaw back home, running all the way without stopping. Hugging the fire, he toasted himself for a while: he was shivering like a leaf in the wind and rain.（Evan

King 译）

（24）<u>∅</u> 想到这里，她甚至想独自回娘家，∅ 跟祥子一刀两断，……（无标记动词小句）

When she thought of that she almost considered returning home alone and just severing relations with Hsiang Tzu with one stroke.（Jean James 译）

（25）虎妞这才想起去请大夫。<u>∅</u> 扎了两针，∅ 服了剂药，他清醒过来。（"–了"小句）

Then Hu Niu thought of going to a doctor. After he had an injection of camphor and a dose of medicine he opened his eyes again.（Jean James 译）

（26）<u>∅</u> 不敢再思索，他拔起脚就往回走，非常的快。（其他）

He dared not speculate any longer. He lifted his feet and walked back very quickly.（Jean James 译）

　　第一类状语从句在全句中的功能显然是交代时间、地点等背景。汉语中，完成体（其标记为"–了"和"–过"）通常用于前景描述；而未完成体（由持续体标记词"–着"和无标记动词表达）则用于背景描述。因此，第二、三类小句也用于交代背景。汉语中的"–了"还有一个功能，即标记先发生的事。如果含有这种"–了"的小句出现在前景描述小句的前面，那么也是用于背景描述（Chu，1998：235）。在 Li 的语料中，20 个含有"–了"的小句都用作这一功能。最后，在"其他"这个类别中的 2 个小句，其动词都是采用否定式。由于此类小句表达的是一个未实现的动作或事件，因此也是用于背景描述。这样，她从结构特点上证明了，她语料中的 81 个句首零形代词小句，在全句中的功能都是用于背景描述。

　　接着，Li 分析了这 81 个小句在两个译本中英语译文的结构特征，表 8.4（引自 Li，2004：40，表 3）归纳了分析的结果。

表8.4　含有零形代词小句的英译

译本	V-*ing*	完整状语从句	短语	完整小句	其他	合计
E. King	21	37	3	12	8	81
J. James	13	36	4	25	3	81

在英语中，句首分词小句、介词和形容词等短语以及状语从句通常都用作背景描述（Thompson，1983；Tomlin，1985；Givón，1993；van Hoek，1997），而完整小句用于前景描述。在表8.4中，前三类译文构式是背景描述构式，此类构式支持句首零形代词小句用于背景描述的假设；第四类"完整小句"是前景描述构式，此类构式是这一假设的反例；而最后一类由于译者采用自由的意译，在译文中找不到对应于汉语小句的英语结构，因此不能用于验证这一假设。从表8.4中我们可以看到，译文采用前三类构式的总数要远远大于采用第四类构式的数量。这表明，译者在理解和翻译汉语句首零形代词小句时，通常也是将其用来表达背景信息。

Li的研究说明，无论是在汉语的"句内下指"句式〔如例（23）〕，还是"局部语篇下指"句式〔如例（25）〕，或是"局部语篇回指"句式〔如例（22）〕，以及"语篇下指"〔如例（19）〕中，句首零形代词小句在整个句子中的功能都是表达背景信息，而后面含有与其同指的名词或代词的小句则用于表达前景信息。

4. 小结和余论

为了系统研究英汉下指的篇章分布和语用功能，以及探讨汉语第三人称代词照应的单向性问题，本文首先明确区分了句内下指、语篇下指、局部语篇下指和局部语篇回指这四种不同的指称照应方式。

我们的分析可以得出如下几个初步结论：① 就句内下指而言，汉语要比英语用得少，多数英语句内下指可以用汉语回指的方式来表达；而且汉语句内下指的惯用表达形式是 $\emptyset + N$，而不是 $P + N$。②语篇下指在汉语中基本上仅出现在标题类的文字中，主要的语用功能是使语言表达更为紧凑简洁；而在英语中（根据 van Hoek, 1997）它也可出现于其他场合。③ 上述四种不同照应方式中的句首代词或零形代词小句，在英汉篇章中的一个共同功能是用于背景描述。

我们的研究也引出了一些新问题。首先，通常确定汉语句子中是否有一个零形代词的标准是，如果谓词的一个主目位置上没有出现一个显性词语，那么这个位置上应该有一个零形代词。既然汉语"∅ + N"型句子在译为英语时可以采用"V-*ing*"分词小句以及介词和形容词等短语，那么在这些英语分词小句和短语前是否也应该有一个零形代词？如果是，那么英语中似乎不仅偶尔会有零回指，也可以有语篇零下指。下面是我们英语民间故事语料库中的一个例子，其中第一段中的 ∅ 下指同一句中的 six others，而第二段中的 ∅ 回指上一段中的 six others。

（27）After long consultation, and ∅ being persuaded by the parson to carry the old woman very quickly into the churchyard, while he walked before, <u>six others</u> made the attempt, and as the parson never ceased to repeat the Lord's Prayer, all went on quietly.

∅ Arrived at the church stile, they rested the corpse, ...(*Witch of Treva*)

其次，表8.3和表8.4显示，英汉两种语言中都有表达背景信息的不同构式，那么这些构式表达的背景化程度是否有差别？我们的猜想是有差别的。英语各类构式表达的背景化程度似乎依次为：短语/非定式小句>完整状语从句；而汉语依次为：短语>"–着"小句>表示先发生事件的"–了"小句/无标记动词小句>完整状语小句。王灿龙（2006: 23）认为，高原（2003）所说的一些汉语下指句子，其中的人称代词与它后面的名词同指是通过句首的零形代词中介取得的，因而不能算是严格意义上的逆回指。他的分析有些道理。但是句首的零形代词与它后面的名词同指本身也是一种逆回指，而且我们的研究表明，这是汉语句内下指采用的主要形式。他未能解释为什么这种下指形式在汉语中是允许的。值得注意的是，他所举的7个例子的句首构式都是表示高背景化的介词（副动词）短语和"–着"小句。语用上的高背景化产生了语义上的高依存性，因而这些构式中零形代词的解读强烈依赖于它后面主句中的名词。我们进一步猜想，在英语中，这种语义上的高依存性进一步语法化了，即高背景化的前置小句修饰语采用非定式小句表达（英语中大部分作为前置小句修饰语的短语都可以认为前面省略了一个非定式动词），而这些非定式小句前的零形代词通常必须解读为与后面主句的主语同指，否则是一句含有"悬空分词（dangling participle）"的不符合英语表达习惯的句子。

由此可见，要对英汉语篇中的下指现象有一个更为全面深入的了解，还需要做大量细致的研究。

参考文献

- 高原. 从认知角度看英汉句内照应词使用的区别 [J]. 外语教学与研究, 2003(3): 189-194.

- 王灿龙. 人称代词"他"的照应功能研究 [J]. 中国语文, 2000(3): 228-237.

- 王灿龙. 英汉第三人称代词照应功能的单向性及其相关问题 [J]. 外语教学与研究, 2006(1): 17-24.

- 王宗炎. 英语人称代词he/she能预指下文的名词吗？ [J]. 外语教学与研究, 1994(4): 36-39.

- 许余龙. 英汉指称词语表达的可及性 [J]. 外语教学与研究, 2000(5): 321-328.

- 许余龙. 语篇回指的认知语言学探索 [J]. 外国语, 2002(1): 28-37.

- 许余龙. 语篇回指的认知语言学研究与验证 [J]. 外国语, 2003(2): 17-24.

- 许余龙. 篇章回指的功能语用探索——一项基于汉语民间故事和报刊语料的研究 [M]. 上海：上海外语教育出版社, 2004.

- ARIEL M. Accessing noun-phrase antecedents [M]. London: Routledge, 1990.

- CHU C C. A discourse grammar of Mandarin Chinese [M]. New York: Peter Lang, 1998.

- GIVÓN T. English grammar: A function-based introduction [M]. Philadelphia: John Benjamins, 1993.

- HE X D. A cognitive approach towards sentence-internal cataphora translation from English into Chinese [D]. Shanghai: Shanghai International Studies University, 2005.

- LI W D. Topic chains in Chinese discourse [J]. Discourse processes, 2004, 37(1): 25-45.

- THOMPSON S. Grammar and discourse: English detached participial clause [M]// KLEIN-ANDREU F. Discourse perspectives on syntax. New York: Academic Press, 1983: 43-65.

- TOMLIN R S. Foreground-background information and the syntax of subordination [J]. Text, 1985, 5: 85-122.

- VAN HOEK K. Anaphora and conceptual structure [M]. Chicago: The University of Chicago Press, 1997.

- YUAN Y. A Contrastive study of backwards anaphora in English and Chinese [D]. Shanghai: Shanghai International Studies University, 2005.

九　名词短语可及性与篇章回指[36]
——以汉语主语属格语为例

1. 引言

可及性是一个心理学概念。在心理语言学中，这一概念通常用来指一个人在说话时，从大脑记忆系统中提取一个语言或记忆单位的便捷程度，因而又称"便取度"（金哲等，1994：73；许余龙，2000：321）。

基于这一概念，Keenan & Comrie（1977）提出了著名的"名词短语可及性等级序列"（Noun Phrase Accessibility Hierarchy，简称NPAH）。该理论假设认为，一个句子里，在由名词短语充当的主语（SU）、直接宾语（DO）、间接宾语（IO）、旁语（OBL）、属格语（GEN）和比较宾语（OCOMP）等主要句子成分中，主语比直接宾语具有较高的可及性，直接宾语又比间接宾语具有较高的可及性，以此类推，构成如下一个从左到右依次递减的可及性等级序列：

SU ＞ DO ＞ IO ＞ OBL ＞ GEN ＞ OCOMP

图9.1　名词短语可及性等级序列

在进行一些句法操作（如关系化）时，位于左边的名词性成分，总是要比

---

36 原载《现代外语》2013年第1期，1—9页。作者为许余龙、孙珊珊、段嫚娟。

位于右边的名词性成分具有较大的适宜性；反之则要受到较大的限制，甚至完全不可能。这被认为是世界语言的一条共性。这一可及性可以称为句法可及性，名词短语可及性反映了各句法位置上名词短语的不同句法显著性。

近年来，许多学者从应用语言学、心理语言学和神经语言学的角度，通过实验或测试等手段，来检验可及性等级序列对母语或二语习得与加工的影响（如Lin，2008；Ueno & Garnsey，2008；Thomas，2011；张强、杨亦鸣，2010；侯建东，2011；刘涛等，2011；汤春晓、许家金，2011；吴芙芸，2011）。然而，限于实验与测试手段，并为了控制变量的需要，此类研究大多仅对序列中靠前的几个句法位置（特别是主语和直接宾语）进行了考察。而对于名词短语可及性与篇章回指之间的关系，特别是主语属格语（如"小李的爸爸是教师"中的"小李"）在篇章回指中的指称可及性问题，则更是鲜有研究涉及。

为了弥补上述研究缺憾，本文采用语料实证分析的方法，主要探讨名词短语的指称可及性，即在篇章中，前一小句各句法位置上的名词短语，被后一小句中的指代词选作先行语的可及程度。重点讨论主语属格语的指称可及性，兼及句法可及性与指称可及性之间的联系，具体研究如下三个问题：①Keenan & Comrie（1977）提出的名词短语可及性是否同样适用于汉语篇章回指中先行语的确定，特别是汉语主语属格语是否如图9.1所示，仅具有较低的指称可及性？②名词短语的可及性是如何与生命度相互作用，共同影响先行语的选择的？③名词短语的句法可及性和指称可及性之间是否具有内在联系，受同一可及性等级序列的制约？

2. 汉语主语属格语的高可及性在篇章回指中的证据

2.1 Jiang（2004）的研究

较早提出汉语主语属格语具有较高指称可及性的是Xu（1995）。该研究通过对汉语民间故事语料的分析，发现在汉语跨小句回指[37]中，主语属格语与存

---

37 本文所说的"跨小句回指"是指非内嵌小句之间的回指。

现主语[38]以及主语/话题[39]一样，也具有很高的指称可及性。例如，在下面例（1）中，句（b）中的零形代词"Ø"回指句（a）中的主语属格语"他"。

> （1）a. 他$_i$的日子过得快快乐乐，
> 　　 b. Ø$_i$从来没有半点孤单的感觉。
> 　　 （《张郎赛宝》，选自"汉语民间故事语料数据库"，后同）

然而，由于该研究的语料仅含690个汉语零形代词，而且回指前一小句中主语属格语的仅有2个，显然不足以全面分析主语属格语的指称可及性。

Jiang（2004）的研究在此基础上进了一步。为了分析现代汉语中零形回指的句法和篇章特征，她从3篇现代汉语短篇小说和一部现代汉语长篇小说的2章中（共58,689个汉字），穷尽性地搜集到了2,132个用于跨小句回指的汉语零形代词。表9.1归纳统计了这些零形代词的先行语的句法位置分布（根据Jiang，2004：63，表3.2改编，其中宾语包括直接宾语和间接宾语）。

表9.1　零形代词先行语的句法位置分布

先行语的句法位置	频数	百分比
主语/话题	1,824	85.6%
宾语	264	12.4%
主语属格语	36	1.7%
宾语属格语	5	0.2%
旁语	3	0.1%
合计	2,132	100.0%

---

38 存现结构中的名词短语究竟是存现主语还是存现宾语，学界观点不一。这里采用Givón（2001：255）的观点，将其视为存现主语。这一处理方法的优点是，由于存现主语与主语/话题在篇章指称可及性方面相近，可以较方便地与主语/话题合并为同一大类。

39 这里的"主语/话题"统称像"象鼻子长"那样的汉语句子结构中的所谓"大、小主语"或"大、小话题"，以及一般句子结构中的主语或话题。

表9.1的数据似乎显示，总的来说，图9.1所示的Keenan & Comrie（1977）的可及性等级序列，可以用来确定先行语所在小句（以下简称"先行句"）中各句法位置上名词短语的指称可及性，并以此为序确定下一小句中零形代词的先行语优先选择顺序。

事实上，在基于向心理论（centering theory）的篇章指代消解计算语言学研究中，这一名词短语可及性等级的基本形式几乎总是被默认为语句中前瞻中心（forward-looking centers，相当于潜在的先行语）排序的标准（见Brennan *et al.*，1987；Grosz *et al.*，1995），并且被Walker *et al.*（1994），Turan（1998）和王德亮（2004）等分别应用于日语、土耳其语和汉语的篇章指代消解实证研究中。

与Keenan & Comrie（1977）的可及性等级序列相比，Jiang（2004）的研究结果中唯一一个不符合该等级序列之处是属格语的指称可及性，特别是主语属格语的可及性排序位置，因为表9.1显示，汉语属格语的指称可及性似乎要比旁语高，其可及性排序位置应该在旁语的前面，而不是后面。

当然，表9.1所显示的先行句各句法位置上的名词短语被选作先行语的频率，并不能真正反映这些名词短语的指称可及性，因为一个简单的语言事实是，虽然几乎每个句子都必须有主语，但是并非每个句子中都含有宾语，而含有属格语和旁语的句子则更少。因此，要更为准确地比较主语、主语属格语和宾语三者的指称可及性，应该选取那些同时含有这三个句法成分的先行句，分析三者在竞争成为下一小句中的先行语过程中胜出的概率。

Jiang（2004）最为接近的数据分析是单独考察那些含有主语属格语的先行句（其中有的含有宾语，有的不含，因此表9.2中"宾语"加上了括号），结果发现，后一小句中的零形代词要么回指先行句中的主语，要么回指主语属格语，而没有一个回指宾语，回指主语要略多于回指主语属格语，见表9.2（根据Jiang，2004：72，表3.4改编）。

表9.2　主语、主语属格语和宾语被选作先行语的概率比较（一）

先行语的句法位置	频数	百分比
主语	42	53.8%
主语属格语	36	46.2%
（宾语）	0	0
合计	78	100.0%

根据上述汉语叙述体篇章中零形代词的回指倾向，Jiang（2004）提出了如下先行句中名词短语指称可及性的等级序列（根据Jiang，2004：83上的表述略作简化；其中SU/TOP=主语/话题，GEN_{SU}=主语属格语，OB=宾语，GEN_{OB}=宾语属格语，OBL=旁语）：

$$SU/TOP > GEN_{su} > OB > GEN_{ob} > OBL$$

图9.2　Jiang修正的名词短语可及性等级序列

2.2 进一步研究

为了进一步探讨现代汉语中主语属格语的指称可及性，我们从Duan（2006）和Sun（2010）用于研究指代消解的现代汉语叙述体篇章标注语料中，同样抽取那些含有主语属格语的先行句（其中有些含有宾语），分析了句中名词短语的句法位置，以及被下一小句中的指代语[40]选作先行语的概率。语料包含《书剑恩仇录》的第一章以及18篇民间故事和16篇儿童故事，共44,257个汉字。数据分析汇总见表9.3。

表9.3　主语、主语属格语和宾语被选作先行语的概率比较（二）

先行语的句法位置	频数	百分比
主语	17	43.6%
主语属格语	21	53.8%
（宾语）	1	2.6%
合计	39	100.0%

---

40 这里的"指代语"是代词和零形代词的统称，下同。

该表显示，在我们的语料中，主语属格语比主语更多地被选作指代语的先行语，占总数的53.8%，而宾语被选作先行语的只有一个。当然，宾语被选作先行语的比例偏低的一个重要原因是，在这些含有主语属格语的先行句中，并非每句都含有宾语。因此，我们进一步分析了那些同时含有这三个句子成分的先行句。在我们的语料中，共有14句这样的句子，表9.4对这三个句法位置上的名词短语被选作先行语的情况作了统计。

表9.4　主语、主语属格语和宾语被选作先行语的概率比较（三）

先行语的句法位置	频数	百分比
主语	7	50.0%
主语属格语	6	42.9%
宾语	1	7.1%
合计	14	100.0%

表9.4的数据分析表明，就主语、主语属格语和宾语这三个句法位置上的名词短语的指称可及性而言，图9.2所示Jiang（2004）修正的可及性等级序列是符合我们语料中代词和零形代词回指的实际情况的。下面是这三个句法位置上的名词短语被选作先行语的实例：

（2）a. 蠢汉的妻子$_i$看他这副模样，

b. Ø$_i$感到奇怪，

c. Ø$_i$问："……？"

（主语被选作先行语，《蠢汉，驴子和骗子的故事》）

（3）a. 其实淘淘$_i$的真名不是叫淘淘，

b. 因为它$_i$平时太顽皮捣蛋，

c. 所以森林里的动物朋友们都叫它淘淘。

（主语属格语被选作先行语，《淘淘和苹果树》）

（4）a. 哥哥的话把弟弟$_i$说愣了，

b. Ø$_i$半天没吭声。

（宾语被选作先行语，《石榴》）

然而，是否被选作先行语不仅与名词短语的可及性有关，而且要受到生命度的影响，下面讨论两者之间的相互作用。

3. 名词短语可及性与生命度

3.1 生命度在句内回指中的作用

在汉语复合反身代词（如"他自己"）的句内回指研究中，Pan（1998）指出，Chomsky（1981）约束条件A中规定的局域条件（照应语必须在其管辖语类内受到约束）和句法显著性条件（照应语的约束者必须是一个成分统领照应语的名词短语），并不能圆满解释汉语复合反身代词在句内所受到的照应制约。他提出，这两个条件应该由相对邻近性条件（closeness condition）和显著性条件（prominence condition）来取代。

他衡量相对邻近性的方法和标准是，计算从照应语所在的句法结构位置到统制其潜在先行语的最小最大投射（minimal maximal projection）所需经过的节点数量，经过的节点越少，相对邻近性越近。他的显著性则根据Chou（1992）的如下生命度等级序列来确定：[＋人类] > [＋有生，－人类] > [－有生]，越靠左生命度等级越高。例如，在图9.3中（原例49b"，Pan，1998：795），与主语属格语"张三"相比，主语名词短语"张三的态度"离复合反身代词"他自己"的距离相对较近，因为从"他自己"到统制"张三的态度"的最小最大投射NP_1，只要经过NP_2、VP和S这三个节点，而从"他自己"到统制"张三"的最小最大投射NP_{gen}，却要经过NP_2、VP、S和NP_1这四个节点。

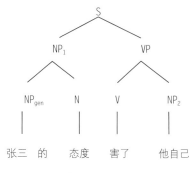

图9.3　相对邻近性的句子结构分析

因此，在图9.3所示的句子结构中，如果在NP_1和NP_{gen}位置上的两个名词短语都具有[＋人类]的语义特征（如"张三的爸爸"和"张三"），那么句中复合反身代词"他自己"（NP_2）的先行语是句子的主语NP_1，而不是主语属格语NP_{gen}，因为NP_1比NP_{gen}更邻近NP_2。然而，由于在图9.3中，NP_1（"张三的态度"）是一个[－有生]名词短语，而NP_{gen}（"张三"）是一个[＋人类]名词短语，NP_1的生命度远低于NP_{gen}，因此句中复合反身代词"他自己"的先行语是句子的主语属格语NP_{gen}，而不是主语NP_1。

汉语主语属格语在句内回指中的相对高可及性，也被一些指代加工心理语言学实验研究所证实（He & Kaiser，2009）。而Badecker & Straub（2002）在对英语反身代词在线加工的研究却发现，无论在性方面是否与反身代词一致，英语中的主语属格语都不能构成主语的竞争项。

3.2 生命度在篇章回指中的作用

为了研究在跨小句的篇章回指中，汉语主语和主语属格语在竞争成为先行语时生命度所起的作用，我们进一步分析了表9.3中38例主语和主语属格语被选作先行语的回指实例，数据统计结果见表9.5（其中生命度等级简化为"有生"和"无生"两大类："有生"=[+有生]；"无生"=[-有生]）。

表9.5　生命度对先行语选择的影响

		主语属格语生命度		主语生命度	
		有生	无生	有生	无生
先行语	主语	13	4	**14**	3
	主语属格语	**21**	0	2	19
	小计	34	4	16	22
合计		38		38	

　　分析结果表明，生命度对汉语篇章回指同样具有重要影响。前面的表9.3显示，在我们的语料中，主语属格语比主语更多地被选作先行语，分别有21和17例。表9.5则进一步显示，其中的一个重要原因是，语料中的主语属格语绝大多数（34/38 = 89.5%）是有生的；而有生的主语仅占总数的42.1%（=16/38）。而且，表9.5还显示，选作先行语的21个主语属格语都是有生的；与此相反，没有一个无生的主语属格语被选作先行语。而就主语而言，虽然选作先行语的主语也大多是有生的（14例），但仍有3例无生的主语被选为先行语。

　　虽然生命度对汉语篇章回指具有重要影响，但显然它并不是影响汉语篇章回指的唯一因素，因为表9.5显示，在34例有生的主语属格语中，有13例并未被选作先行语，被选作先行语的是主语。因此，如果仅用生命度来预测汉语篇章回指的先行语，那么这13例有生的主语属格语会被错误地预测为先行语。由此可见，要对汉语篇章回指中主语和主语属格语竞争成为先行语的语言事实有进一步的认识，那么至少需要检验生命度和可及性两者的共同作用。下一节将就此展开分析。

3.3　可及性与生命度的共同作用

　　我们分如下四种情况，分析了主语和主语属格语在竞争成为先行语时，先行语的选择倾向：① 主语属格语和主语皆为有生；② 主语属格语有生，主语无生；③ 主语属格语无生，主语有生；④ 主语属格语和主语皆为无生。表9.6总结了分析的结果。

表9.6　生命度和可及性对先行语选择的共同影响

		主语属格语和主语皆为有生	主语属格语有生，主语无生	主语属格语无生，主语有生	主语属格语和主语皆为无生	合计
先行语	主语属格语	2	19	0	0	21
	主语	12	1	2	2	17
	合计	14	20	2	2	38

表9.6显示，在现代汉语篇章回指中，名词短语的可及性和生命度似乎遵循如下两条互动原则，共同影响先行语的选择：

先行语选择中的可及性与生命度之间的互动原则：

1）如果主语和主语属格语在生命度方面有差异，那么生命度较高的那个名词短语优先被选作先行语；

2）如果主语和主语属格语在生命度方面相等，那么可及性较高的那个名词短语（主语）优先被选作先行语。

原则1）可以解释表9.6"主语属格语有生，主语无生"一列中19个主语属格语被选作先行语，以及"主语属格语无生，主语有生"一列中2个主语被选作先行语的实例，因为在这些实例中，都是生命度较高的名词短语被选作先行语。原则2）可以解释"主语属格语和主语皆为有生"一列中12个主语被选作先行语，以及"主语属格语和主语皆为无生"一列中2个主语被选作先行语的实例，因为在这些实例中，都是可及性较高的主语被选作先行语。这样，在38个篇章回指实例中，共有35（＝12+19+2+2）个可以获得合理的解释，占总数的92.1%，从而大大提高了先行语预测的准确率。

同时，表9.6的分析也证明了图9.2所示的名词短语指称可及性的等级序列是符合汉语篇章回指的实际情况的。如果仅仅根据表9.3中主语、主语属格语和宾语被选作先行语的概率来确定名词短语指称可及性的等级序列，那么会得出主语属格语的指称可及性高于主语的错误结论。

4. 讨论

4.1 句法可及性与指称可及性

Keenan & Comrie（1977）提出可及性等级序列的初衷，是为了阐释世上不同语言在进行关系化等句法操作时所共同遵循的制约。因此，他们的可及性可以认为是各句法位置上名词短语的句法可及性。在他们的可及性等级序列中，属格语的排位倒数第二，不仅排在直接宾语和间接宾语的后面，甚至还排在旁语的后面。本文的研究则表明，在汉语篇章回指中，就先行句各句法位置上的名词短语在被选作下一小句中指代语的先行语而言，它们的指称可及性排序似乎需要做调整，特别是其中的主语属格语，其指称可及性不仅高于旁语，而且高于宾语。

那么，汉语主语属格语的这种在指称上的相对高可及性是否同样反映在关系化等句法操作中？即，汉语名词短语的指称可及性与句法可及性是否遵循同一等级序列？对汉语语言事实的初步观察似乎可以得出肯定的回答。例如，例（6）中的各句是对例（5）中加下画线的名词短语分别进行关系化操作后的结果（括号中标出的是被关系化名词短语的句法位置）。

（5）a. 我的爸爸叫李刚

    b. 昨天张三的车借给了李四

    c. 昨天张三打了李四一顿

（6）a. $\emptyset_i$ 爸爸叫李刚的那个人$_i$（主语属格语）

    b. 昨天$\emptyset_i$车借给了李四的那个人$_i$（主语属格语）

    b'. 昨天张三的车借给了*$\emptyset_i$/他$_i$的那个人$_i$（旁语）

    c. 昨天$\emptyset_i$打了李四一顿的那个人$_i$（主语）

    c'. 昨天张三打了?$\emptyset_i$/他$_i$一顿的那个人$_i$（宾语）

例（6）中的a、b、c三句显示，在汉语中，关系化主语和主语属格语都比较容易，可以采用Hawkins（2011）所说的"空位策略"（用Ø表示）；而且，表达可让渡领属关系[41]（alienable possession）的主语属格语（5b中的"张三"），与表达不可让渡领属关系的主语属格语（5a中的"我"）一样，都可以用空位策略来关系化，虽然（6a）似乎要比（6b）更自然一些。而关系化旁语则要受到较大的限制，必须使用复指代词"他"（见6b'），不能用空位策略；关系化某些宾语（如带有动量词的宾语）也要受到一定的限制，使用复制代词较好（见6c'）。

上述语言事实似乎表明，在汉语中，名词短语的指称可及性与句法可及性有着密切的联系，而且在两者的等级排序中，主语属格语似乎都要高于宾语。这无疑违反了Keenan & Comrie（1977）提出的可及性等级序列，以及与此相关的语言共性制约。其中的原因值得进一步探究。

4.2 对汉语指代消解计算语言学研究的意义

本文提出的在先行语选择中可及性与生命度之间的两条互动原则，对汉语指代消解的计算语言学研究也具有一定的应用价值。

本文语料取自Duan（2006）和Sun（2010）两项指代消解计算语言学研究。这两项研究的整体设计思路受Poesio et al.（2004）提出的向心理论参数化研究方法的启示（简介见许余龙，2008），虽然后者的目的是通过向心参数的设定来考察怎样的设定可以更准确地反映语篇局部连贯性和语篇焦点的延续和转换，而前者则是在假定某种参数设定可以较准确反映这些语篇特征的前提下，检验这些设定对指代消解的影响，以便找出消解准确率较高的一种参数设定。

其中一个与名词短语可及性相关的向心参数是前瞻中心的排序。在前面2.1节中我们提到，在基于向心理论的篇章指代消解计算语言学研究中，一个常用的排序标准是先行句中名词短语的语法功能，实际做法基本上是参照

---

41 "可让渡领属关系"是指除了身体部位和亲属关系（即后面的"不可让渡领属关系"）之外的其他领属关系。

Keenan & Comrie（1977）的名词短语可及性等级序列。其他一些排序标准有线性语序（如Gernsbacher & Hargrcaves，1988）、信息状态（如Strube & Hahn，1999）和论旨角色（如Stevenson *et al.*，2000）等。

Duan（2006）和Sun（2010）的研究主要考察了按线性语序和语法角色排序对指代消解的影响，而语法角色的排序参照了如图9.2所示的等级序列，而不是Keenan & Comrie（1977）的可及性等级序列（详见段嫚娟等，2009）。总的来说，按语法角色排序的指代消解，其整体消解准确率要高于按线性语序排序。但是，如果先行语是主语属格语的话，那么由于汉语中主语属格语的线性位置在主语中心名词短语的前面，因此按线性语序排序可以正确消解；而按语法角色排序，则由于主语在可及性等级序列中排在主语属格语的前面，因此大部分会产生消解错误，特别是当指代语是一个零形代词的时候，因为此时我们无法核查指代语与先行语之间在性、数等方面的语义匹配性。例如：

（7）a. <u>丁丁</u>_i的肚子更饿了，

　　b. $\emptyset_i$连走路的力气也没了，

（《丁丁回家去》）

如果按图9.2所示的语法角色等级排序，那么例（7b）中的零形代词会被错误消解为（6a）中的主语"丁丁的肚子"，而不是主语属格语"丁丁"。因此，在还没有很好的方法将世界知识纳入指代消解的算法程序中去的情况下（比如，世界知识可以告诉我们，"连走路的力气也没了"的主语更有可能是"丁丁"，而不是"丁丁的肚子"），我们的互动原则2）可以较好、较便捷地解决这个问题，因为表9.6显示，在20例"主语属格语有生，主语无生"的回指中，19例是回指有生的主语属格语，只有1例回指无生的主语。如果将这两条互动原则结合到按语法角色排序的指代消解算法程序中去，那么可以提高整体消解准确率。

5. 结语

本文采用现代汉语叙述体语料，通过定量分析，对名词短语可及性与篇章回指之间的关系进行了实证研究。结果发现：① 如果要将 Keenan & Comrie（1977）提出的名词短语可及性等级序列应用于汉语篇章回指，那么序列中名词短语可及性的顺序需要做调整，汉语主语属格语的指称可及性要高于旁语和（直接与间接）宾语；② 在汉语篇章回指中，先行语的选择受名词短语的可及性与生命度的共同影响，这种影响在很大程度上可以用本文提出的可及性与生命度之间的两条互动原则来解释；③ 汉语名词短语体现在关系化操作中的句法可及性和体现在篇章回指中的指称可及性之间似乎有着内在的联系，两者受同一可及性等级序列的制约。本文指出，我们提出的可及性与生命度之间的两条互动原则可以结合到基于向心理论的现代汉语指代消解算法中去，从而提高整体消解准确率。

当然，本文的结论主要是基于对现代汉语叙述体语料的分析而得出的，语料量也不大。而且限于篇幅，对汉语主语属格语在关系化中所受制约的讨论也是初步的（关于名词短语可及性与关系化的进一步讨论，见许余龙，2012）。因此，这些结论是否符合其他体裁的语料中篇章回指的语言事实，还需进一步研究。

参考文献

- 段嫚娟，许余龙，付相君. 前瞻中心的排序对指代消解的影响——一项向心理论参数化实证研究[J]. 外国语，2009（3）：20-27.

- 侯建东. 可及性和生命性对中国学生习得英语关系从句的影响——基于优选论的分析[J]. 外语教学与研究，2011（5）：702-711.

- 金哲等. 新学科辞海[M]. 成都：四川人民出版社，1994.

- 刘涛，周统权，杨亦鸣. 主语关系从句加工优势的普遍性——来自汉语关系从句ERP研究的证据[J]. 语言科学，2011（1）：1-20.

- 汤春晓、许家金，中国高中生英语关系从句习得顺序研究——定量定性综合研究视角[J]. 外语教学与研究，2011（1）：96-108.

- 王德亮. 汉语零形回指解析——基于向心理论的研究[J]. 现代外语，2004（4）：350-359.

- 吴芙芸. 试论Hawkins的领域最小化理论于汉语关系从句加工之意义及潜在问题[J]. 外国语，2011（1）：18-25.

- 许余龙. 英汉指称词语表达的可及性[J]. 外语教学与研究，2000（5）：321-328.

- 许余龙. 向心理论的参数化研究[J]. 当代语言学，2008（3）：225-236.

- 许余龙. 名词短语可及性与关系化——一项类型学视野下的英汉对比研究[J]. 外语教学与研究，2012（5）：643-657.

- 张强，杨亦鸣. 汉语宾语关系从句的加工优势——来自神经电生理学研究的证据[J]. 语言科学，2010（4）：337-353.

- BADECKER W, STRAUB K. The processing role of structural constraints on the interpretation of pronouns and anaphors [J]. Journal of experimental psychology: Learning, memory, and cognition, 2002, 28: 748-769.

- BRENNAN S, FRIEDMAN M, POLLARD C. A centering approach to pronouns [C]// Proceedings of ACL-87, Stanford, CA, 1987, 155-162.

- CHOMSKY N. Lectures on government and binding [M]. Dordrecht: Foris, 1981.

- CHOU X-L. An alternative approach to Chinese reflexives [D]. Austin: The University of Texas, 1992.

- DUAN M J. Parameter setting in centering theory and its effects on Chinese anaphora resolution: An empirical study [D]. Shanghai: Shanghai International Studies University, 2006.

- GERNSBACHER M A, HARGREAVES D. Accessing sentence participants: The advantage of first mention [J]. Journal of memory and language, 1988, 27: 699-717.

- GIVÓN T. Syntax: An introduction, Vol. II [M]. Amsterdam: John Benjamins. 2001.

- GROSZ B J, JOSHI A K, WEINSTEIN S. Centering: A framework for modeling the local coherence of discourse [J]. Computational linguistics, 1995, 21: 203-225.

- HAWKINS J A. Processing efficiency and complexity in typological patterns [M]// SONG J J. The Oxford handbook of linguistic typology. Oxford: Oxford University Press, 2011: 206-226.

- HE X, KAISER E. Consequences of variable accessibility for anaphor resolution in Chinese [C]// Proceedings of the 7th discourse anaphora and anaphor resolution colloquium (DAARC 2009). AU-KBK Research Centre, Anna University, 2009: 48-55.

- JIANG P. Syntactic and discourse features of zero anaphora—with specific reference to its resolution in Chinese [D]. Shanghai: Shanghai International Studies University, 2004.

- KEENAN E L, COMRIE B. Noun phrase accessibility and universal grammar [J]. Linguistic inquiry, 1977, 8: 63-99.

- LIN C-J C. The processing foundation of head-final relative clauses [J]. Language and linguistics, 2008, 9: 813-838.

- PAN H H. Closeness, prominence, and binding theory [J]. Natural language and linguistic theory, 1998, 16: 771-815.

- POESIO M, STEVENSON R, DI EUGENIO B, HITZEMAN J. Centering: A parametric theory and its instantiations [J]. Computational linguistics, 2004, 30: 309-363.

- STEVENSON R. KNOTT A, OBERLANDER J, MCDONALD S. Interpreting pronouns and connectives: Interactions between focusing, thematic roles and coherence relations [J]. Language and cognitive processes, 2000, 15: 225-262.

- STRUBE M, HAHN U. Functional centering: Grounding referential coherence in information structure [J]. Computational linguistics, 1999, 25: 309-344.

- SUN S S. An evaluation of centering parameters in anaphora resolution: A contrastive study based on Chinese and English folk stories and children's stories [D]. Shanghai: Shanghai International Studies University, 2010.

- THOMAS J A. The relative marker and long distance dependencies in the L2 acquisition of Swahili relative clauses [C]// BOKAMBA E G, SHOSTED R K, AYALEW B T. Selected proceedings of the 40th Annual Conference on African Linguistics. Somerville: Cascadilla Proceedings Project, 2011: 36-52.

- TURAN U. Ranking forward-looking centers in Turkish: Universal and language-specific properties [M]// WALKER M A, JOSHI A K, PRINCE E F. Centering theory in discourse. Oxford: Oxford University Press, 1998: 139-160.

- WALKER M A, LIDA M, COTE S. Japanese discourse and the process of centering [J]. Computational linguistics, 1994, 20: 193-233.

- UENO M, GARNSEY S M. An ERP study of the processing of subject and object relative clauses in Japanese [J]. Language and cognitive processes, 2008, 23: 646-688.

- XU Y L. Resolving third-person anaphora in Chinese texts: Towards a functional-pragmatic model [D]. Hong Kong: The Hong Kong Polytechnic University, 1995.

第三部分
应用对比研究

导　言

　　应用语言学最重要的一个研究领域是语言教学，包括母语与外语（或二语）教学。本部分第一篇论文《学习策略与英汉阅读能力的发展》分析了不同学习策略的使用与阅读能力之间的关系，所用的研究材料是我在香港期间参与的IEA国际阅读能力调查研究中国香港地区子项目的数据资料。虽然该国际项目结项至今已20多年，分析所依据的数据资料似乎略显陈旧，但该项目的后续研究"国际阅读能力进展研究（Progress in International Reading Literacy Study，简称PIRLS）"目前仍在进行，每五年开展一轮，不过调查对象仅为9岁组学生。受PIRLS启发而开展的PISA（Programme for International Student Assessment）国际项目的阅读测试对象则仅为15岁中学生。因此，就汉英母语与二语阅读学习的初级和中级阶段学习策略使用及其效果对比研究而言，论文所采用的数据资料仍是迄今为止规模最大、设计严谨、具有国际可比性的研究资料。研究结果表明，母语为汉语的学生，在他们的英汉阅读学习中，使用的学习策略以及这些策略对他们两种语言能力的影响有同有异。那些不同之处，有些可能反映了不同发展阶段的不同特点，有些可以归结为母语与外语阅读学习之间的差异，还有些可能是英汉两种语言之间的不同特点所造成的。总的来说，技巧为本式阅读教学模式对初级阶段的英汉阅读较为有效，而整体语言式教学模式对中级阶段的英汉阅读较为有效。该文对学习策略的实证研究产生了一定的影响，据中国知网统计数据，已被引用325次。

第二篇论文《英汉远近称指示词的对译问题》将我在1984年硕士论文中提出的"心理距离"这一概念应用到翻译中，目的是解释在英汉对译时，为何有时会出现英语远指词对应于汉语近指词的这种扭曲对应情况。论文采用定量分析和定性研究相结合的方法。定量分析的目的是确定英、汉语中远近称指示词的使用比例，以及远近称指示词的互译对应分布概貌。结果表明：① 汉语中近指词用得比远指词多，而英语中远指词用得比近指词多；② 英译汉时，有些英语远指词会译为汉语近指词。定性研究的目的则是解释在英汉对译时为何会出现上述扭曲对应情况。为此论文提出了"心理距离"这一概念，论证了这一心理距离与实际的时空和篇章距离互为影响，共同决定了远近称指示词的选用。英汉远近称指示词的用法区别主要表现为：① 整体而言，汉语指示词所表达的远近距离，往往要比英语具有较大的心理成分；② 这一心理距离在两种语言中影响的指称范围也不尽相同。这一差异部分解释了为何有时英语远指词需要译为汉语近指词，即主要是因为汉语较多采用近指词来表示心理距离上的近，而非实际时空距离上的近。该文发表后引发了不少后续研究。例如，吴一安教授的博士论文[42]研究进一步表明，中、英儿童在实验中使用指示词指称具体物体时，英汉远近称指示词表达的实际空间距离并无显著差别；但在叙述体语料中，由于在表达主观性时的引申范围和引申意义不同，英语多用远指词，汉语多用近指词。

自然语言的人工智能处理是当今人工智能技术的一个重要组成部分，具有重要的实际应用价值，其中涉及的一项关键任务是指代消解，即为语篇中出现的每一个指代词确定其意在表达的指称对象。本部分最后一篇论文《"语句"与"代词"的设定对指代消解的影响——一项向心理论参数化实证研究》，初步尝试将语篇回指的运作原理和认知机制应用到指代消解中去。论文采用的计算语言学实现方案是向心理论的参数化研究方法，该方法的一个长处是，可以将影响指代消解的关键变量作不同的参数设定，比较和分析不同的设定下的指代消解准确率，从而选择和确定较佳的设定方案，提高整体消解准确率。论文设计了6种指代消解算法，通过对标注语料的分析，初步探讨了"语句"与"代词"这两个参数的设定对汉语指代消解的影响。结果表明，总体而言，无论采用哪种确定候选

---

42 该论文正式出版为 Wu Y A. *Spatial Demonstratives in English and Chinese: Text and Cognition* [M]. Amsterdam: John Benjamins Publishing Company, 2004。

项显著度排序的算法，均可得出以下结论：① 语句的设定对代词指代消解的影响要比零形代词小；② 将语句设定为小句所得到的零形代词消解结果，要普遍优于将语句设定为自然句；③ 汉语代词的指代消解准确率要远低于零形代词的消解准确率。当前，人工智能作为一项新兴科技正在迅猛发展，作为其中重要一环的自然语言的人工智能处理，仍有许多问题需要语言学研究者与计算机专家携手努力、共同解决。

十 学习策略与英汉阅读能力
的发展[43]

1. 引言

　　学习策略（learning strategies）是第二语言习得研究的一个方面，其重要性在过去的20多年中日显突出（Skehan，1998/1999：263）。所谓学习策略，是指学生在学习中采用的某些方法或技巧（Ellis，1997/2000：76-77）。Chamot & Küpper（1989）指出，所有的学生都使用某些学习策略，问题的关键是，策略是否用得灵活恰当（转引自Skehan，1998/1999：264）。而在制订课程的教学指导方针时，教师也都将培养学生的学习策略和教学生"学习如何学习"放在首要位置（Nunan，1988/2001：159）。

　　要灵活恰当地运用学习策略，必须考虑到学习阶段、学习内容和任务、学习环境、外语与母语的特点及差异，以及学生的个人特点等诸多因素。本文着重讨论以汉语为母语的学生，在他们英汉语阅读学习的初级和中级阶段会采用一些什么样的学习策略，这些策略会对他们两种语言的阅读能力产生什么样的影响，并以此检验一些阅读教学理论的有效性。这种比较研究有助于揭示学生英汉语阅读学习的特点和规律，从而制订出适合我国学生特点的阅读学习策略教学指导方针。

---

43 原载《外语教学与研究》2003年第3期，200—205页。

2. 研究方法

研究的数据资料取自笔者参与的中国香港地区参加国际阅读能力调查研究的基本统计数据[44]。研究对象是小学四年级（9岁组）和中学三年级（14岁组）的学生。这两个年龄段学生的阅读能力，大致代表了学生初级和中级阶段的发展水平。参加9岁组英汉阅读测试的人数分别为2,615和3,312人，参加14岁组的人数分别为2,715和3,160人。研究工具包括问卷和阅读能力测试试卷，英汉语试卷的测试内容相同且翻译对等。在学生问卷中，两组学生都被要求回答一个相同的问题，即在教师经常提倡的11个学习策略选项中，选取他们认为对提高自己的（英语或汉语）阅读能力最为重要的3个策略。表10.1列出的是中/英文阅读调查问卷中的学习策略选项。

表10.1　学生问卷中的阅读学习策略选项

选项 （字母编号）	学习策略内容
（a）	喜欢阅读中/英文书籍
（b）	有大量时间阅读中/英文书籍
（c）	能专心致志
（d）	懂得怎样把中/英文读出来
（e）	学会大量中/英文生字的意义
（f）	拥有很多好的中/英文书
（g）	拥有丰富的想象力
（h）	做很多中/英文阅读的家庭作业
（i）	在中/英文难点上多做练习
（j）	做很多中/英文书面练习
（k）	有人指导

---

44 关于此项研究的简介及一些相关研究，见许余龙（1994，1997，1998，1999）。此项研究的后续研究——"国际阅读能力进展研究"目前仍在进行，每五年开展一轮，但调查对象仅为9岁组学生，因而本文的数据资料仍是设计严谨、具有国际可比性的最新大型研究资料。

就阅读教学理论与方法而言，西方（主要是北美）学术界存在两种截然不同的观点。一种认为，阅读教学的目的是向学生系统传授各种阅读解码技巧，包括词的读音、句子理解和篇章结构等。他们提倡的教学模式称为直接讲授式（direct-instruction model），又称技巧为本式（skills-based model，见 Kameenui *et al.*，1997）。另一种则认为，阅读教学应让学生沉浸于自然真实的语篇之中，让学生借助整篇文章的上下文来理解文义，并从中逐步学会和掌握各种阅读技巧。这一派倡导的模式称为整体语言式（whole-language model，见 Gunderson，1997）。在过去的二三十年中，这两种观点相持不下。其间，后者曾一度占上风，因为该派的观点与同期影响较大的认知心理学理论较为吻合，也较为符合以学生为中心的教学总趋势。在上列 11 个阅读策略中，策略（a）和（b）适用于整体语言式阅读教学模式，而策略（d）和（e）则适用于技巧为本式阅读教学模式。

学生问卷由学生在完成（英语或汉语）阅读能力测试后填写。为了避免混淆，抽样确定的每个班级以随机方式，一半参加汉语阅读能力测试并填写汉语阅读调查问卷，另一半参加英语阅读能力测试并填写英语阅读调查问卷。学生问卷中设置阅读学习策略的相关问题，主要目的是收集回答如下两个问题的数据资料：① 在教师所提倡的那些学习策略中，哪些是学生认为对提高自己的阅读能力最有帮助的？② 这些策略与学生的阅读能力之间的关系如何？下面从这两个方面来讨论数据分析的结果。

3．阅读学习策略与语言差异及阅读发展阶段的关系

对第一个问题的回答可以根据选择某个学习策略的学生人数来推断。即，如果选择某个策略的学生人数多，那就说明该策略被较多学生认为是最重要的策略。表 10.2 列出了在 9 岁组和 14 岁组英汉阅读调查中，将某项学习策略作为阅读学习最重要策略的学生占各组学生总数的百分比。例如：在汉语阅读调查中，认为学习策略（a）最有帮助的 9 岁组学生有 1,664 人，占该组对该策略有效回答总数的 56%。表中学习策略的字母编号与表 10.1 中所列学习策略的选项

字母编号对应。

表10.2 学生的阅读学习策略调查结果比较

学习策略	9岁组		14岁组	
	汉语（%）	英语（%）	汉语（%）	英语（%）
（a）	56	46	63	47
（b）	26	21	30	24
（c）	57	56	63	34
（d）	27	34	8	21
（e）	29	34	29	47
（f）	11	7	8	2
（g）	18	7	17	3
（h）	15	15	14	14
（i）	18	21	22	23
（j）	19	23	21	32
（k）	22	34	26	52

表10.2显示，两个年龄段的学生都将策略喜欢阅读中/英文书籍（a）、能专心致志（c）和学会大量中/英文生字的意义（e），列为英汉阅读学习中前三位重要的学习策略；而选择拥有很多好的中/英文书（f）和拥有丰富的想象力（g）的学生均不到20%。

9岁组学生在英汉阅读学习中对学习策略的选择十分相似，有较大差别的是，有较多的学生在英语学习中选择策略有人指导（k）。这可能主要是由于英语毕竟不是他们的母语，在学习中遇到的困难会大一些，因此较多学生希望有人指导。

相比之下，14岁组学生在英汉阅读学习中对学习策略的选择差别较大。相对于汉语阅读，在英语阅读学习中，有较多的学生选择有人指导（k）、学会大量中/英文生字的意义（e）、做很多中/英文书面练习（j）和懂得怎样把中/英文读出来（d）；而较少的学生选择能专心致志（c）和喜欢阅读中/英文书籍（a）。

在英语阅读学习中，9岁组与14岁组之间的最大差别是：有更多的14岁组学生认为有人指导（k）、学会大量中/英文生字的意义（e）、做很多中/英文书面练习（j）是提高英语阅读能力的重要策略；而较少学生将能专心致志（c）和懂得怎样把中／英文读出来（d）作为提高阅读能力的重要策略。这似乎表明，在英语阅读能力发展的中级阶段，虽然大部分学生认为掌握英语单词的读音不再是个大问题，但随着英语阅读要求的提高，似乎比初级阶段更缺乏信心。这表现为，有超过一半的学生感到需要有人指导，较多的学生觉得需要扩大词汇量，并做大量的书面练习。

4. 不同阅读学习策略与学生英汉阅读能力的关系

在学习策略研究中，研究最少、最不充分的是确定学习策略对各类外语学习任务的有效性。有效性的确定大致可以采用如下三种方法：① 学生个人情况报告；② 相关性研究；③ 实验性训练（同上：107）。后两种方法很少有研究者采用（O'Malley & Chamot，1990/2001：224）。

这一节将采用相关性研究的方法，确定上述11个学习策略对学生在英汉语学习两个不同发展阶段的有效性。具体做法是根据选择和不选择某一策略的两组学生的平均阅读成绩来推断。如果选择某个策略的学生的平均成绩显著高于不选择这个策略的学生，那么说明这个策略对学生的阅读能力有正面的影响；如果选择某个策略的学生的平均成绩显著低于不选择这个策略的学生，则说明这个策略对学生的阅读能力有负面的影响；如果差别不大，则说明没有显著影响。

该调查研究报告（见Johnson & Cheung，1995，其中所有的数据统计分析均由笔者完成）列出了选择和不选择各个策略的学生人数、他们的平均分以及平均分标准差的标准误。要比较两个独立大样本平均数之间的差异有无显著性，可以采用Z检验的方法（见郝德元，1982：152-156；王汉澜，1987：400-403）。我利用这一基本数据，进一步计算出选择和不选择每个策略的两组学生平均分之差的Z检验值。下面先以9岁组学生在选择能专心致志（c）作为学习策略时的回答为例，简要交代一下采用Z值来检验显著性的方法。表10.3列出了选择（是）和不选择（不是）能专心致志（c）这一策略的两组学生的人数

（N）、阅读能力测试平均分（$\overline{X}$）、平均分的标准差（S）、平均分标准差的标准误（SE），以及两个平均分之间的差数（$D_{\overline{X}}$）、平均分差数的标准误（$SE_{D_{\overline{X}}}$）和Z值等阅读测试统计量，汉语与英语阅读测试分列两大栏。

表10.3　9岁组学生选择和不选择能专心致志（c）
这一策略的阅读测试统计量比较

测试 统计量	汉语阅读		英语阅读	
	是	不是	是	不是
N	1,695	1,277	1,348	1,039
$\overline{X}$	533.35	517.25	422.56	424.61
S	64.64	69.33	59.11	60.28
SE	1.57	1.94	1.61	1.87
$D_{\overline{X}}$	16.1		−2.05	
$SE_{D_{\overline{X}}}$	2.50		2.47	
Z	6.44		−0.83	

表10.3显示，就汉语阅读来说，有1,695名9岁组学生认为，能专心致志（c）是提高汉语阅读能力的最重要方法之一，他们的汉语阅读测试的平均分为533.35分；而另有1,277名学生则不这样认为，他们的平均分为517.25分。两者之差为16.1分，认为"是"的一组学生得分较高。就英语阅读而言，有1,348名9岁组学生将能专心致志（c）作为提高英语阅读能力的一种最重要学习策略，他们的英语阅读测试的平均分为422.56分；而另有1,039名学生则不这样认为，他们的平均分为424.61分。两者之差为–2.05分，认为"不是"的一组学生得分较高。

这两个差数（16.1和-2.05）是否反映了作出不同选择的两组学生，其阅读测试成绩具有显著差异呢？按照统计学中通常采用的假设，可以假定一个差数的样本分布的平均数为零，即建立一个虚无假设 H_0: $\mu_1=\mu_2$，并确定显著水平 $\alpha=0.05$，而在这一显著水平上的 $Z_{0.05}$ 值为1.96。就9岁组学生的汉语阅读来说，两组之间差数的Z检验值为6.44，大于1.96，因此可以在0.05显著水平上拒绝虚无假设，即可以确定两者之间有显著差异。也就是说，认为能专心致志（c）

是提高汉语阅读能力最重要方法的学生，他们的汉语阅读能力确实要明显高于不这样认为的学生。而就英语阅读来说，两组之间差数的Z检验值为−0.83〔负数表示，认为能专心致志（c）是提高阅读能力的最重要方法的学生，他们的阅读测试成绩反而比不这样认为的学生低〕，其绝对值小于1.96，因此必须在0.05显著水平上接受虚无假设，即可以确定，虽然两者之间有些差异，但是这种差异并不具有统计学上通常所认为的显著意义。也就是说，是否将能专心致志（c）作为提高英语阅读能力的最重要方法，与学生的英语阅读能力并无明显的联系。

为了比较不同的阅读学习策略对中国学生英汉阅读能力的影响，下面的表10.4和表10.5分别列出了所有与9岁组和14岁组学生英汉阅读成绩有显著关系（即 |Z| ＞1.96）的学习策略。为了便于比较，在英汉两种语言的阅读中，只要有一种语言测试的Z绝对值大于1.96，便列出与其相关的学习策略。在表10.4和10.5中，学习策略的字母编号与表10.1中所列的策略编号相对应。

表10.4　与9岁组学生阅读成绩有显著关系的学习策略

学习策略	选择	汉语阅读			英语阅读		
		学生数	平均分	Z	学生数	平均分	Z
（a）	不是	1,308	521.04	3.90	1,293	419.84	3.20
	是	1,664	530.68		1,094	427.72	
（c）	不是	1,277	517.25	6.44	1,039	424.61	−0.83
	是	1,695	533.35		1,348	422.56	
（d）	不是	2,158	524.72	2.32	1,566	422.59	1.00
	是	814	530.96		821	425.09	
（e）	不是	2,121	522.64	4.85	1,576	420.71	3.07
	是	851	535.88		811	428.78	
（f）	不是	2,639	528.82	−5.12	2,231	424.00	−1.75
	是	333	507.56		156	415.67	
（g）	不是	2,429	527.65	−2.15	2,211	424.76	−4.36
	是	543	520.97		176	407.02	
（h）	不是	2,540	528.13	−3.35	2,031	424.48	−2.17
	是	432	516.46		356	417.58	
（j）	不是	2,398	528.74	−3.89	1,834	422.39	1.57
	是	574	516.78		553	426.95	
（k）	不是	2,306	530.49	−6.17	1,579	425.72	−2.65
	是	666	512.40		808	419.01	

表10.5 与14岁组学生阅读成绩有显著关系的学习策略

学习策略	选择	汉语阅读			英语阅读		
		学生数	平均分	Z	学生数	平均分	Z
（a）	不是	1,141	526.93	6.73	1,375	422.41	5.91
	是	1,912	543.07		1,238	438.22	
（b）	不是	2,143	534.25	3.71	1,996	426.93	3.98
	是	910	543.60		617	439.52	
（c）	不是	1,129	536.20	0.55	1,715	431.96	−2.09
	是	1,924	537.53		898	425.98	
（d）	不是	2,819	539.32	−6.61	2,068	434.40	−6.76
	是	234	509.56		545	412.85	
（g）	不是	2,547	537.83	−1.50	2,525	429.19	2.66
	是	506	533.06		88	450.28	
（k）	不是	2,246	541.79	−6.90	1,261	438.95	−6.56
	是	807	523.80		1,352	421.47	

比较表10.4与表10.5，我们会发现，与9岁组学生英汉阅读成绩有显著关系的学习策略的数量比与14岁组相关的多。在中/英文难点上多做练习（i）这一学习策略，与9岁组和14岁组的英汉阅读都没有显著关系。除此之外，与9岁组英汉阅读无显著关系的学习策略只有1个，即有大量时间阅读中/英文书籍（b）；而与14岁组无显著关系的却有4个，即学会大量中/英文生字的意义（e）、拥有很多好的中/英文书（f）、做很多中/英文阅读的家庭作业（h）和做很多中/英文书面练习（j）。

就9岁组学生的英汉阅读而言，表10.4显示，与汉语阅读有显著关系的学习策略较多，共有9个。其中4个有正面影响，按显著性（即Z值）大小排列依次为能专心致志（c）、学会大量中/英文生字的意义（e）、喜欢阅读中/英文书籍（a）和懂得怎样把中/英文读出来（d）；5个有负面影响，按显著性（即Z的绝对值）大小排列依次为有人指导（k）、拥有很多好的中/英文书（f）、做很多中/英文书面练习（j）、做很多中/英文阅读的家庭作业（h）和拥有丰富的想象力（g）。而与9岁组英语阅读有显著关系的学习策略只有5个。有正面影响的有2个，即喜欢阅读中/英文书籍（a）和学会大量中/英文生字的意义（e）；有负面影响的有3个，即拥有丰富的想象力（g）、有人指导（k）和做很多中/英文阅读的家庭作业（h）。将这一结果作比较，可以看出，所有与英语阅读有显著关系的学习策略与汉语阅读也都有显著关系。在其中两个有共同正面影响的学习策略中，除了喜欢阅读中/英文书籍（a）这一策略外，另一个学习策略是学会大量中/英文生字的意义（e）。这是一个低层次的阅读技能，反映了初级阶段英汉阅读学习的共性，即扩大词汇量是初级阶段提高英汉语阅读能力的有效方法。

表10.4还显示，有4个与9岁组汉语阅读有显著关系的学习策略，与英语阅读却没有显著关系。其中2个对汉语阅读有正面影响的是能专心致志（c）和懂得怎样把中/英文读出来（d）。这两个学习策略对英汉初级阶段阅读学习呈现不同显著性，似乎是英汉两种语言的文字差异造成的，说明掌握汉字的读音要比掌握英语单词发音更困难。因此在初级阶段汉语阅读学习中，懂得汉字读音确实是提高阅读能力的一个显著有效的策略；而要做到这一点，又必须能专心致志。另外2个对汉语阅读成绩有负面影响而与英语阅读没有显著关系的学习策略是拥有很多好的中/英文书（f）和做很多中/英文书面练习（j）。某个学习策略对阅读能力有负面影响主要是说明，认为这个学习策略最重要的学生，在总体上阅读测试成绩低于平均值。最明显的是有人指导（k）这一学习策略。需要指导的学生大多是在阅读上问题较多的学生，因此将其作为提高阅读能力最重要的策略的9岁组和14岁组学生的英汉阅读测试成绩都明显低于不将其作为最重要策略的学生。上述结果表明，做很多书面练习对于汉语阅读来说，通常是阅读能力较低的学生采用的学习策略；而对英语阅读来说，采用这一策略的学生，其阅读成绩略高于不采用这一策略的学生，虽然两者之间的差别没有达到统计学上的显著水平。英汉阅读之间的这一差别，似乎反映了母语与外语学习的差别。因为对这些学生来说，汉语是他们的母语，平时接触较多，因此做很多书面练习对提高阅读能力并不一定有很大帮助；而英语是外语，平时接触较少，因此做很多书面练习对提高阅读能力可能会有些帮助。

就14岁组学生的英汉阅读而言，表10.5显示，与他们汉语阅读有显著关系的学习策略有4个。其中2个有正面影响，即喜欢阅读中/英文书籍（a）和有大量时间阅读中/英文书籍（b）；2个有负面影响，即有人指导（k）和懂得怎样把中/英文读出来（d）。而与他们英语阅读有显著关系的学习策略有6个。其中3个有正面影响，即喜欢阅读中/英文书籍（a）、有大量时间阅读中/英文书籍（b）和拥有丰富的想象力（g）；3个有负面影响，即懂得怎样把中/英文读出来（d）、有人指导（k）和能专心致志（c）。所有与汉语阅读有显著关系的学习策略都与英语阅读有关，作用也相仿。这说明，中级阶段英汉阅读的共同特点是，只有喜欢阅读和大量阅读才能提高阅读能力；而如果还把懂得单词读音这种低层次的阅读技能作为重要学习策略的话，只能反映学生的阅读能力较低。作为一种学习策略，拥有丰富的想象力（g）对英语阅读有显著正面影响，对汉语阅读却有微弱的负面影响；而能专心致志（c）对英语阅读有显著负面影响，而对汉语阅读却基本上没有多大影响。这一结果似乎说明，由于英语派生和复合构词手段丰富，小句与小句、句子与句子之间的联系较多采用形合法而不是意合法，在英语阅读发展阶段，丰富的逻辑想象力有助于提高英语阅读能力，而专心致志、死抠个别字句反而会影响英语阅读能力的提高。

就阅读策略与阅读教学理论的关系来说，两个适用于整体语言式阅读教学模式的策略（a）和（b），对14岁组英汉阅读都有正面影响；而对9岁组英汉阅读有正面影响的只有策略（a）。与此相反，两个更适用于技巧为本式阅读教学模式的策略（d）和（e），对9岁组英汉阅读都有正面影响；而对14岁组英汉阅读学习来说，策略（e）无显著影响，策略（d）反而有很大的负面影响。这清楚地表明，从总体上来说，在英汉阅读的初级阶段，技巧为本式阅读教学模式较为有效；而在中级阶段，整体语言式阅读教学模式可以收到较好的效果。当然，正如一些研究者（如Stahl & Miller，1989）所指出的，无论哪种方法，由于教学环境的差异，在具体实施中其有效性有很大的不同。一种教学方法的有效性在很大的程度上受其实施过程中的具体做法、教师、学生、教材、文化传统等因素以及这些因素之间相互协调配合的影响。因而，国外阅读教育界的专家（如Adams & Bruck，1995；Clay，1994；Honig，1996；Pearson，1993；Stahl，1997）大多倾向于将上述两种理论与方法结合起来，认为应根据不同的教学内容与对象，选择具有针对性的有效方法。

5. 小结

本文利用一项大型国际阅读能力调查的数据资料，分析和探讨了学习策略与学生英汉阅读能力发展的关系。结果表明，就以香港学生为代表的母语为汉语的中国学生来说，在他们的英汉阅读学习中，使用的学习策略以及这些策略对他们两种语言阅读能力的影响，都既有共同之处，又有所不同。共同之处可能反映了初级和中级两个阶段英汉阅读学习的共同特点。而那些不同之处，有些可能反映了不同发展阶段的不同特点，有些可以归结为母语与外语阅读学习之间的差异，还有些可能是英汉两种语言之间的不同特点造成的。在两个阅读教学理论模式中，总的来说，技巧为本式对初级阶段的英汉阅读较为有效，而整体语言式对中级阶段的英汉阅读较为有效。

当然，这种研究和分析是初步的。影响学生母语和外语阅读能力的因素非常复杂，要全面了解，还必须进一步做大量深入细致的研究。正如 Ellis（1994/1999：558）所指出的，"学习策略的研究在语言教学和解释第二语言学习的个人差异方面，都具有很大的发展前途……然而，或许有理由说，此类研究仍处于起步阶段"。就阅读策略与阅读理论的关系而言，正如 Stahl（1997：26）所指出的，我们不应该满足于笼统地问哪种方法最有效，而应该探讨对教什么内容及什么样的学生有效。所以，有大量这些方面的研究有待于我们去做。

参考文献

- 郝德元. 教育与心理统计 [M]. 北京：教育科学出版社，1982.
- 王汉澜. 教育测量学 [M]. 郑州：河南大学出版社，1987.
- 许余龙. 国际阅读能力研究及其对我国外语教育的启示 [J]. 外语界，1994(1)：8-14.
- 许余龙. 影响中国学生英语阅读能力的学校因素 [J]. 解放军外语学院学报，1997(6)：45-50.
- 许余龙. 影响中国学生英语阅读能力的学生因素 [J]. 现代外语，1998(3)：62-70.
- 许余龙. 影响中国学生英语阅读能力的教学因素 [J]. 外语与外语教学，1999(8)：17-20.
- ADAMS M J, BRUCK M. Resolving the "Great Debate" [J]. American educator, 1995, 19(7): 10-20.
- CHAMOT A U, KÜPPER L. Learning strategies in foreign language instruction [J]. Foreign language annals, 1989, 22(1): 13-24.
- CLAY M M. Introduction [M]// RUDDELL R B, et al. Theoretical models of reading. Newark: International Reading Association, 1994: xii.
- ELLIS R. The study of second language acquisition [M]. Shanghai: Shanghai Foreign Language Education Press, 1994/1999.
- ELLIS R. Second language acquisition [M]. Shanghai: Shanghai Foreign Language Education Press, 1997/2000.
- GUNDERSON L. Whole-language approaches to reading and writing [M]// STAHL S A, HAYES D A. Instructional models in reading. Mahwah: Lawrence Erlbaum Associates, 1997: 221-247.
- HONIG B. Teaching our children to read: The role of skills in a comprehensive reading program [M]. Thousand Oaks: Corwin Press, 1996.
- JOHNSON R K, CHEUNG Y-S. Reading literacy in Hong Kong: An IEA world literacy project on the reading proficiency of Hong Kong students in Chinese and English [R]. Hong Kong: The Hong Kong Polytechnic University, 1995.
- KAMEENUI E J, SIMMONS D C, CHARD D, DICKSON S. Direct-instruction reading [M]// STAHL S A, HAYES D A. Instructional models in reading. Mahwah: Lawrence Erlbaum Associates, 1997: 59-84.
- NUNAN D. The learner-centred curriculum: A study in second language teaching [M]. Shanghai: Shanghai Foreign Language Education Press, 1988/2001.
- O'MALLEY J M, CHAMOT A U. Learning strategies in second languages acquisition [M]. Shanghai: Shanghai Foreign Language

Education Press, 1990/2001.

- PEARSON D P. Focus on research: Teaching and learning reading: A research perspective [J]. Language arts, 1993, 70: 502-511.

- SKEHAN, P. A cognitive approach to language learning [M]. Shanghai: Shanghai Foreign Language Education Press, 1998/1999.

- STAHL S A. Instructional models in reading: An introduction [M]// STAHL S A, HAYES D A. Instructional models in reading. Mahwah: Lawrence Erlbaum Associates, 1997: 1-29.

- STAHL S A, MILLER P D. Whole language and language experience approaches for beginning reading: A quantitative research synthesis [J]. Review of educational research, 1989, 59: 87-116.

十一 英汉远近称指示词的
对译问题[45]

1. 引言

英汉远近称指示词在翻译中并不完全对应。对于这一点，一些研究翻译、语言及文体的学者都有所论及。有些学者还致力于寻找其中的一般规律，以便更好地指导翻译实践。例如，孙述宇、金圣华（1975：61）用图11.1来表示两者之间的大致翻译对应情况。

This	That
这	那

图11.1 英汉远近称指示词的大致翻译对应情况

也就是说，汉语中的"这"要比英语中的this使用的范围广，因而不仅可以用来译this，有时还可以用来译that。他们的这一概括无疑是符合翻译中的实际对应情况的，但未免过于粗略了一些，未能很好地说明什么时候可以用"这"来译that。

钱瑗先生的研究（见Qian，1983）进了一步。她以Halliday & Hasan（1976）提出的指示照应框架为参照系，区分了时间远近距离和篇章（话语）远近距离

45 原载《外国语》1989年第4期，33—40页。

这两个不同的距离概念，并以图11.2来说明英汉指示词在表示时间距离时的对应情况。

Referent	ENGLISH	CHINESE	
NOT-NEAR PAST	THAT	那	
NEAR PAST			（这）
PRESENT	THIS		这
NEAR FUTURE	THIS		这
NOT-NEAR FUTURE		那	

图11.2　英汉指示词在表示时间距离时的对应情况

　　她认为，指称过去时间时，英语用that，汉语用"那"，这是相同的。但汉语中的"这"也可以用来指称"过去不久（NEAR PAST）"的事情，从而有时也可以用来翻译that。她的这一观点基本上是正确的。但由此带来的一个问题是：如何才能区分"过去已久（NOT-NEAR PAST）"和"过去不久"这两个概念呢？从她所用的例证来看，她的解决办法似乎是以实际的时间尺度为依据的。此外，她没能说明英汉指示词在表示空间距离时的对应情况。

　　我在其他地方指出（见Xu，1984，1987；另见吕叔湘，1985），汉语指示词表达的远近距离中含有一个较强的心理成分。本文试图证明，要探讨英汉指示词表达的远近距离及其翻译对应情况，不能仅以实际的时间、空间和篇章距离为尺度，而必须引入**心理距离**这一概念。这一心理距离与实际的时空和篇章距离相互影响，共同决定了语言使用者在选用远近称指示词时所作出的取舍。英汉远近称指示词的用法区别主要在于：① 总的来说，汉语指示词所表达的远近距离，往往要比英语具有更大的心理成分；② 这一心理距离在两种语言中影响的指称范围也不尽相同。

2．英汉指示词的一般使用情况和翻译对应情况

先来看英语中远近称指示词的使用情况及其汉译。根据我对 W. S. Maugham 的小说 *Cakes and Ale*（收入 *The Selected Novels*, Melbourne：William Heinemann Ltd., 1953）第五章（约5,200词）所做的不完全统计，that 在该章中共出现65次，其中用作引导从句的关系代词或关系连词的有52次，用作指示词的有13次。用作指示词时的翻译对应情况见表11.1（其中S代表"译出"，T代表"译入"，下同）。

表11.1　That汉译时的翻译对应情况

| 译出 | 译入 | | | 小计 |
	那	这	其他	
that	4	6	3	13

其中，译为"其他"的多数是因为所指对象在上下文中十分清楚而省略不译（2例），也有转译为表示所指对象的具体名词（1例）。

在同一章中，this 共出现6次，都用作指示词，其翻译对应情况见表11.2。

表11.2　This汉译时的翻译对应情况

| 译出 | 译入 | | | 小计 |
	这	今天	其他	
this	3	2	1	6

其中，译为"其他"的是转译为表示所指对象的具体名词。

这一粗略的统计至少可以说明两点。第一，英语中 that 使用的频率远远高于 this。仅从 that 用作指示词的情况来看，其绝对使用频率仍为 this 的两倍半还多。这可以从《英美英语词汇使用频率》（*Word Frequencies in British and American English*, London：Longman，1982）中得到旁证，见表11.3。

表11.3　That 和 this 的使用频率

	在总的英语语料中		在小说文体的语料中	
	频率位次	绝对使用频率	频率位次	绝对使用频率
That	7	11,188	15	581
This	22	5,287	41	179

　　这表明，在包括各种文体的总语料中，that 的绝对使用频率为 this 的两倍还多，而在小说文体的语料中是 this 的三倍。

　　第二，that 在许多情况下可以译为"这"。从表11.1可以看出，that 译为"这"的次数甚至比译为"那"还多。

　　再来看译文中的汉语远近称指示词的使用情况，以及这些词是从英语原文中的哪些词翻译而来的。根据我对 *Cakes and Ale* 的中译本《寻欢作乐》（章含之、洪晃译，杭州：浙江文艺出版社，1984）第五章（约8,300个汉字）所做的统计，"这"及"这"组合词共出现57次，其翻译对应情况见表11.4。

表11.4　译为汉语近指词的英语原文对应词

译入	译出										小计
	this	here	such	so	it	the	that	there	then	其他	
这	3	0	1	0	10	8	5	0	0	16	43
"这"组合词	0	3	1	1	1	0	1	1	1	5	14
合 计	3	3	2	1	11	8	6	1	1	21	57

　　其中，由"其他"译入的"这"或"这"组合词，多数是因为汉语行文需要而另加的（共15例），也有一部分是译其他词或句子结构的需要（共6例）。

　　用作指示词的"那"及"那"组合词共出现55次，其翻译对应情况见表11.5。

表11.5　译为汉语远指词的英语原文对应词

译入	译出							小计
	that	those	then	there	it	the	其他	
那	2	1	0	0	5	15	12	35

译入	译出							小计
	that	those	then	there	it	the	其他	
"那"组合词	2	0	1	2	1	1	13	20
合 计	4	1	1	2	6	16	25	55

其中，由"其他"译入的"那"或"那"组合词，一部分是因汉语行文需要而另加的（共9例），另一部分是译其他词或句子结构的需要（共16例）。当然，要对汉语指示词的使用情况进行统计分析，一般以分析汉语原作为好。不过，上述统计也大致反映了"这""那"在汉语中的实际使用情况。例如，这一统计表明，与英语相反，汉语中近指词"这"的使用频率要比远指词"那"略高些。这可以从《汉语词汇的统计与分析》（北京：外语教学与研究出版社，1986）一书中进一步得到证实（未包括用作连词的"那"和"那么"），见表11.6。

表11.6 "这"和"那"的使用频率

	频率位次	绝对使用频率	
		单用	组合词
这	12	2,845	1,538
那	27	1,398	491

将表11.6与表11.3加以比较，不难发现：远称词和近称词的使用频率比例在汉语中约为1∶2，而在英语中约为2∶1。这种"倒挂"现象从计量分析的角度解释了为什么会出现孙述宇、金圣华（1975）两位先生提出的如图11.1所示的翻译对应情况。

将表11.4、表11.5与表11.1、表11.2进行比较，还可发现，汉语中"这"和"那"的绝对使用频率（分别为57次和55次）要远比英语中this和that的绝对使用频率（分别为6次和13次）高。为什么会出现这种情况呢？除了因为没有把英语中其他远近称指示词（如here、there、then等，全面的统计应包括这些词）统计进去之外，主要原因是英汉指示词系统的内部构成不同，见图11.3。

汉语指示词		英语指示词	
远称	那，那些，那里，等	远称	that, those, there, etc.
		中性	it, the
近称	这，这些，这里，等	近称	This, these, here, etc

图11.3　英汉指示词系统的内部构成

也就是说，在形式上英语指示词系统比汉语多了一类显性的（overt）中性指示词，这类指示词没有明确标示所指对象的远近，其中it用作中心词，the用作修饰词。由于汉语中没有显性的中性指示词，中性指称大部分采用隐性的（covert）零形式，也有一部分采用"这""那"或它们的组合词。采用后一种形式时，往往还附带表达其他一些指称功能（如强调等，见Xu，1987：139-140），并且或多或少与远近距离有关。中性指示词在英语中的使用频率相当高，从表11.4和表11.5中我们可以看出，仅译为"这"和"这"组合词的就有19例，译为"那"和"那"组合词的有22例。因而，汉语远近指示词的绝对使用频率要比英语高。

3．英汉远近称指示词的对译情况

英汉远近称指示词的基本指称功能是标示所指对象的远近距离，这一距离可能是空间上的，也可能是时间上的，或是篇章话语中的。下面分别从这三个方面来考察一下英汉远近称指示词之间的翻译对应情况。

3.1 空间距离

表示空间上的远近距离恐怕是语言中指示词的基本原始意义。说话者用近指词来指称实际话语环境中离自己较近的东西，用远指词来指称离自己较远的东西，这在英汉两种语言中是一致的。然而在小说翻译中，有时会发现，在英语中用远指词的场合，在汉语中却要用近指词，比如：

（1）I immediately wheeled my machine to the side and sat down on a stile, looking out to sea in a nonchalant way as though I had been for a ride and were just sitting *there* wrapped in contemplation of the vasty ocean. (*Cakes and Ale*, p. 37-38)

于是我马上把车推到路旁，在路旁一个石凳子上坐下，用一种悠闲的姿态眺望大海，好像我骑了很长时间车子，现在正闲坐在这里，沉浸在对这茫茫大海的遐想之中。(《寻欢作乐》，p. 53)

例（1）中的 there 显然是指前面提到的 on a stile。文中的"我"坐在这 stile 上面，那么这个 stile 离他是很近的。但是，小说是以第一人称的口气讲述过去发生的事情，这个 stile 是彼时彼地中的东西，而不是在讲述时就在叙述者眼前的东西，因而英语中用了个远指词 there。而在汉语中，故事叙述者为了使故事生动，在这种场合往往会用近指词，仿佛彼时彼地的东西就在眼前，产生化远为近的心理效果，给人以"此情此景历历在目"的感觉（注意，该句中同时还用了"现在"和"这"两个近指词，以加强效果）。因此，汉语中的这一近指，与其说表达的是实际距离上的近，还不如说是心理距离上的近。

再来看这种近指在汉语原文中的使用及其英译情况。

（2）"(a) 你看，那儿有一枝很好的，"他高兴地说。
（b）她抬起头，笑问道："在哪儿？"
"(c) 那儿不是？"他伸手向着旁边树上一指。
（d）她的眼光跟着他的手望去。(e) 树上果然有一枝很好的花。(f) 这一枝离地颇高，花也不少，大部分都是含苞未放。(g) 枝子弯曲而有力，令人注目。

"（h）可惜太高一点，这一枝倒很好，"鸣
凤……自语道。（《家》，p. 75-76）

在例（2）这段文字里，觉慧说的两句话中〔句（a）和句（c）〕用了两个
远指词"那儿"，表示那枝梅花离觉慧和鸣凤两人的实际距离较远。当鸣凤的
眼光顺着觉慧指的方向看去，并看到了那枝梅花之后，在作者的旁白（句f）
和鸣凤说的话中（句h）都用了近指词"这"，表示此刻书中人物和作者的注
意力都集中在这枝"令人注目"的梅花上。因而，这里的"这"所表达的近，
同样与其说是实际距离上的近，还不如说是一种心理距离上的近。鸣凤话中的
"这"似乎还表达了另一种心理距离上的近，即她与觉慧在看法上的一致。因
为如果她不同意觉慧的看法，认为觉慧说的那一枝梅花不好，那么在汉语中
说"那一枝不好"似乎要比说"这一枝不好"更自然些。句（f）和句（h）中
的两个"这"在英译本 *The Family*（S. Shapiro 译，北京：外文出版社，第 3 版，
1978）中被译为中性指示词 it。Halliday & Hasan（1976：58）认为，英语中的 it
是远指词 that 的弱化形式。

下面是另一个这样的例子：

（3）"（a）这倒难以说定。（b）可是你只要看看
这儿的小客厅，就得了解答。（c）这里面有
一位金融界的大亨，又有一位工业界的巨头；
（d）这小客厅就是中国社会的缩影。"
（《子夜》，p. 27）
"It's a tall order, your question. But you can find
an answer in the next room. *There* you have a
successful financier and a captain of industry.
That little drawing-room is Chinese society in
miniature."（*Midnight*, p. 22）

例（3）里，句（b）中的"这儿"指吴荪甫的公馆。因为两位说话者在吴公馆里，因此这个近指词表示的是实际的空间距离。但是，句（c）中的"这里面"和句（d）中的"这小客厅"却是指说话者隔壁的一间房间，而不是说话者所在的那间房间（这在英译本中表述得更清楚）。如果要选用一个指示词来标示那间房间离说话者的实际距离的话，在汉语中一般要用远指，而非近指。比如，我们一般会说"隔壁那间房间"而不是"隔壁这间房间"。因而，这两句话中所用的两个近指词所指的也主要是一种心理距离上的近。在英译本 *Midnight*（许孟雄译，北京：外文出版社，第2版，1979）中，与这两个近指词对应的是两个远指词 there 和 that。

3.2　时间距离

指示词表示的另一种距离概念是时间上的远近。钱媛先生引入"过去不久"与"过去已久"这两个时间概念，用以解释英汉指示词在指称过去时间时的区别。她对这两个概念的划分似乎是以实际的时间远近为尺度的。比如，在举例中（见 Qian，1983：26），她将"去年"视为"过去已久"，并认为只能用"那"来指称；而"昨天"为"过去不久"，可以用"这"，也可以用"那"来指称。

我认为，汉语指示词在标示时间距离时，除了表示实际的时间远近之外，同样也有一个较强的心理成分。例如：

（4）她到现在还记得很明白的是五六年前在土地庙的香市中看见一只常常会笑的猴子，一口的牙齿多么白！但这也是她最后一次快乐的纪念，……（《子夜》，p.167-168）

She could still remember the monkey she had seen *several years before* at a temple fair at home— it kept grinning and showing a mouthful of gleaming white teeth. *That* was her last, happy memory, …

例（4）这段文字中的"这"显然指的是"五六年前"的事。如果说"去年"应视为"过去已久"的话，那么"五六年前"应该是更远的过去了。但是，作者在这里却用了一个近指词"这"。这个近称在很大程度上表达的是心理上的距离，因为这件事虽然发生在"五六年前"，但是"她""还记得很明白"，而且又是"她最后的一次快乐的纪念"，因此从心理上来说虽远犹近，就像刚发生一样。这个近指词在英译本中译成了远指词 that。

同样，在下面例（5）中，觉新向觉民、觉慧等叙述三四年前发生的一件难忘的事，作者也用了一个近指词"这天"：

> （5）"……过后爷爷又把我叫到他的房里，问我是怎么回事。我据实说了。爷爷也流下泪来。他挥手叫我回去好好地服侍病人。这天晚上深夜爹把我叫到床前去笔记遗嘱，……"(《家》，p. 103）
>
> "…Later, Grandpa called me to his room and questioned me in detail on what had happened. When I told him, he wept too. Finally, he waved me away, telling me to take good care of the patient. *That* night Dad summoned me to his bedside to write his will. …"(*The Family*, p. 83)

例（4）和（5）中的两个近指词在英译本中都译成了远指词 that。

钱媛先生指出（见前面的图 11.2），英汉指示词在指称将来时间时也不同：汉语中，指称"不久的将来（NEAR FUTURE）"用近指词"这"，指称"较远的将来（NOT-NEAR FUTURE）"用远指词"那"；而在英语中，指称将来时间都倾向于用 this。我认为，这说明心理距离也影响到英语指示词对时间距离的表达。所不同的是，心理距离在汉语中主要影响指示词对过去时间的指称，而在英语中主要影响指示词对将来时间的指称。在指称将来时间时，英语使用者倾向于站在将来的角度来看待问题，这种心理上的化远为近，用Hurford & Heasley（1983：64-65）的话来说，便是"说话者心理视角的转移（psychological shifting of the speaker's viewpoint）"。比如，他们举例说，一个人可以手指着房间里离他较远的一个角落说，"Come over there，please!"动词come的这一用法是说话者心理视角转移的表现，因为说话者的言外之意是他本人也将到"那里（there）"去，他是站在他将要去的地方的角度说这句话的。动词come里也有一个指示成分，因为它表示动作的方向是朝说话者的。因此，这一例子从另一个侧面，证明了心理因素对英语指示词在指称将来时间时的影响。

3.3 篇章距离

指示词还可以用来表示篇章话语中的远近距离。Halliday & Hasan（1976：60）认为，在英语中，说话者往往用this来指称自己刚说过的话或刚提到的事，用that来指称对方刚说过的话或提到的事。正如钱媛先生所指出的，汉语指示词的用法有所不同。她举例说，下面例（6）和（7）中的that应分别译为"这些话"和"这"：

（6）"I'm sick of Mr. Bingley," cried his wife.

"I am sorry to hear *that*; but why did not you tell me so before? ..."

(*Pride and Prejudice*, Chap. II)

（7）"Can I have the carriage?" said Jane (to her mother).

"No, my dear, you had better go on horse-back, because it seems likely to rain; and then you must stay all night."

"*That* would be a good scheme," said Elizabeth. "If

you were sure that they would not offer to send her home."

(*ibid.*, Chap. VII)

这种用法在其他一些英美作家的作品中也是常见的，如：

（8）"I'm not a child," I said.

"*That* makes it all the worse. …."

(*Cakes and Ale*, p. 43)

例（8）中的 that 一般应译为"这"。汉语用近指词来指称对方刚说的话或提到过的事这一用法，也可以从汉语原作中得到证实，如：

（9）琴……说："……还有亲戚们也会说闲话。就是你们家里，除了你们两〔俩〕人，别的人也会反对的。"

"这跟他们有什么关系？你读书是你自己的事，况且你又不是我们家里的人！"觉慧半惊讶半愤怒地说。

（《家》，p. 18）

（10）"……画师题作'仙山楼阁'，明明告诉人说那是空想的，不是人间实有的境界，只不过叫人看着好玩而已。冰如这一篇文章就是一幅仙山楼阁。"

"这话怎么讲？"三复站住在佑甫的桌边，有味地望着佑甫的脸。

（《倪焕之》，p. 78）

例（9）和（10）中的"这"和"这话"如果要译成英语指示词的话，一般也得用远指词that。

英汉指示词在指称篇章距离时的这种用法差别也可以用心理距离来解释。一个说汉语的人在交谈中，如果想表示对对方所讲的话感兴趣或关心的话，一般会用近指词来指称对方所说的话，以示这些话与自己是有关的。

4．小结与讨论

英汉指示词在互译中之所以不完全对应，主要是因为汉语要比英语在更大的程度上受心理因素的影响，特别是较多地采用近指词来表示心理距离上的近。这种心理上的近，在汉语中不仅影响到指称空间和时间距离，也影响到指称篇章话语距离；而在英语中，一般只影响到指称将来时间。

那么，在英语中，为什么指示词在指称过去的时间和事物的时候，多用于表达实际的时空距离呢？从前面的例（1）和例（4）中，我们可以发现，动词都用了过去时的形式。英语中的这种时态形式在语义上一般与过去时间相联系，因而如果在这些句子中再用上表示现在时间的近指词的话，势必会发生语义上的矛盾和冲突。而汉语却不受这种时态形式的制约。汉语在表示时间和空间距离时，这种心理上化远为近的手法可以用H. G. Wells所著的《时间机器》（*The Time Machine*）一书中那位心理学家所说的一句话来解释（Well，1949：6）：

> （11）If I am recalling an incident very vividly, I go back to the instant of its occurrence: I become absent-minded, as you say. (p. 6)

因而，英汉指示词在指称时空距离上的区别在于：由于汉语没有时态形式的制约，汉语指示词在使用中，能够使说话者较自由地在时间中遨游，当需要生动地描述一件难忘的往事时，可以回到当时发生的时刻，用近指词来指称发生的事件以及其中涉及的事物；而在英语中，英语本身的时态形式特点在很大程度上束缚了"时间机器"的自由行动，因而指示词多用于指称实际的时空距离。

至于在指称时间时，心理距离为什么在英语中主要影响将来时间的指称，而在汉语中主要影响过去时间的指称，这恐怕与两种语言在表达时间概念时，隐喻基础的不同有关。Lakoff & Johnson（1980：57）认为，语言中所表达的概念大部分是建立在隐喻基础上的。英汉指示词在时间上的远近概念都是借助空间上的远近概念来表达的，但在表达这一概念时，说话者的出发点似乎不完全相同。

英语指示词在表达时间远近概念时，说话者似乎是立足于"现在"而面对"将来"的，因而"现在"和"将来"对他来说，都是呈现在眼前而能看到的东西，所以是近的；而"过去"在他的背后，他要回过头来才能看见，所以是远的。同时，英语指示词在表达时间远近概念时，说话者是立足"现在"而面对"将来"的，因而英语说话者更容易在心理上将视角移到"将来"，从将来的角度看问题。

而汉语指示词在表达时间远近距离概念时，说话者虽然同样是站在"现在"的位置上，但在表达过去时间时他是面对"过去"的，而在表达将来时间时是面对"将来"的。因而，在说汉语者的视野里，时间可以分为"过去""现在""将来"三大段，或"过去已久""过去不久""现在""不久的将来""较远的将来"等五小段，而不是像英语那样主要分为"现在及将来"和"过去"这两大段。这样，汉语在指称两头较远的实际时间距离时用远指词，而在指称现在或离现在不远的过去或将来时用近指词（可能汉语说话者也往往倾向于面向"将来"，因此在指称"过去不久"时也可以用远指词）。同时，对于一个说汉语的人来说，由于"过去"是一个经历过的、熟悉的领域，因而化远为近的手法往往多用于描述过去；而"将来"是一个未知的、陌生的领域，因而除了用在科幻小说之类的作品中，这种化远为近的手法用得较少。

汉语指示词在指称篇章话语距离时所表示的心理上的近，是汉语话语中的一种常见现象。在连贯、友好和相互合作的对话中，汉语说话者之间似乎有一种默契，即讨论中的事是双方共同关心的问题，无论是自己刚说过的，还是对方刚说过的，一般都应该认为是与自己有关的，或对自己来说是近的。我们也许可以将这一点作为汉语说话者在使用指示词时必须遵守的一项"合作原则"。远指词一般只用于表示说话者的客观评论，特别是用于表示对对方所说的话具有不同的看法，希望与对方表达的观点保持一定距离的时候。试比较下列例（12）中的一组句子：

（12）A：俗话说懒人有懒福，所以人还是懒一点的好。

B_1：你这种话不对。

B_2：你那种话不对。

B_3：你刚才那种话不对。

*B_4：你刚才这种话不对。

从表面上来看，由于 B_1 和 B_2 都可以接受，因而在这类句子中用"这"和用"那"似乎没有什么区别。然而，当我们在这类句子中加上了一个表示过去时间的副词"刚才"以后，"这"与"那"在指称功能上的区别便十分鲜明地显示出来了。这时，一般只能用"那"而不能用"这"（见 B_3 与 B_4）。B_1、B_2 和 B_3 都可以作为对A的回答，而且，表达的意义也大致相同。但是，B_2 的答话方式表明，说话者试图以一种超然的态度来对A作出一种事后的评判而不是直接的回答。这种在心理上想保持一定距离的超然态度，在加上了表示过去时间的副词"刚才"后，更加明确地在 B_3 中表达出来了。B_3 中的"那"似乎同时表达了两种不同概念上的远：一是篇章话语上的远，因为"那种话"是对方说的，而自己并不赞同；二是时间上的远，因为尽管"刚才"表示刚刚过去，但加上这个词后，整个句子表明谈话到这里中断了一下，具有"让我们回过头来看看你刚才说的那句话到底对不对"的含义。而这两种远都主要是心理上的远，因为如果我们以实际的远近距离为尺度，将"昨天"规定为"过去不久"，因而必须是近的，那么"刚才"更应该是近的了。实际上，这种心理上

的超然态度在 B_2 中也有所体现，尽管没有在 B_3 中表现得那么明显。由此看来，在有些似乎既可用"这"又可用"那"的场合，如果选用了其中的一个，那么或多或少带有某种感情或意义色彩。

英汉远近指示词在指称意义和用法上的这些区别，给翻译理论，特别是翻译等值理论，提出了一个棘手的问题。让我们来看例（13）：

（13）I could not help feeling a pang as I thought of all the years that had passed since I inhabited *that* room, and of all that had happened to me. It was at *that* same table that I had eaten my hearty breakfast and my frugal dinner, read my medical books and written my first novel. It was in *that* same armchair that I had read for the first time Wordsworth and Stendhal, ...(*Cakes and Ale*, p. 91)

当我回想起自从我住进这间小屋以来[46]已经流逝的岁月，想起这些年中我自己的经历，一种伤感的情绪不觉油然而生。我在这张桌子上吃过多少顿丰盛的早餐和节俭的晚餐，我也正是在这张桌子上攻读过医科书籍，写出了我的第一部小说。我就是坐在这一张扶手椅里第一次读了华兹华斯和司汤达的作品，……（《寻欢作乐》，p. 126）

小说中的"我"回到了阔别35年的那间房间，思绪万千，百感交集，他在大学求学时曾在那里度过了5个难忘的春秋。这段文字是在叙述他当时的感

---

46 王菊泉（个人交流）指出，此处译文似有误，应译为"自从我离开……以来"，而不是"自从我住进……以来"。

受。英语中用了一连串的远指词，给读者的感觉是，那是他在时过境迁之后间接地转述当时的感受。而在对应的汉语译文中却用了一连串的近指词，仿佛"我"又回到了那个房间，在那里直接向读者倾吐自己的感受。尽管在英语描述中，作者两次采用了强调结构"it was...that"，并增添了same一词，以增强感情色彩，但两段文字的心理效果应该说仍是有差异的。是译者没有把握住原文的风格吗？恐怕不是。试将译文中所有的近指词换成远指词，或者将英语原文中所有远指词换成近指词，那么读起来都不太自然，特别是将这段文字放回整部小说的上下文中去的话。因而我认为，这种差异主要是由前面说过的英汉指示词所表达的指称意义差别和用法差别造成的，而且与英汉整个语言形式系统的差别也不无关系。

由此看来，我们似乎不得不接受弱式的沃尔夫假说（the weak form of the Whorfian Hypothesis），即我们的语言范畴使我们倾向于以某种特定的方式来思考。就指示词系统来说，英语的指示词系统似乎使说英语的人更多地倾向于以实际距离来区分远近，而汉语的指示词系统似乎使说汉语的人在较多场合更倾向于以心理距离来区分远近。这样，从翻译的角度来说，翻译对应似乎不可能是完全绝对等值的，对读者产生的效果也不可能是完全一样的。翻译等值只能是翻译工作者所追求的一种最佳接近值，其可能的接近度受语言的形式、语义、语用等特点的制约，并受文体、修辞和整个社会文化特征的影响。

参考文献

- 吕叔湘. 近代汉语指示词 [M]. 上海：学林出版社，1985.

- 孙述宇，金圣华. 英译中——英汉翻译概论 [M]. 香港：香港中文大学校外进修部，1975.

- HALLIDAY M A K, HASAN R. Cohesion in English [M]. London: Longman, 1976.

- HURFORD J R, HEASLEY B. Semantics: A course-book [M]. Cambridge: Cambridge University Press, 1983.

- LAKOFF G, JOHNSON, M. Metaphors we live by [M]. Chicago: The University of Chicago Press, 1980.

- QIAN Y. A comparison of some cohesive devices in English and Chinese [J]. Journal of foreign languages, 1983, 1: 19-26.

- WELLS H G. The time machine[M]. Melbourne: William Heinemann, 1949.

- XU Y L. Reference as a cohesive tie in Chinese and English narrative discourse: A contrastive study [D]. Hong Kong: The Chinese University of Hong Kong, 1984.

- XU Y L. A study of referential functions of demonstratives in Chinese discourse [J]. Journal of Chinese linguistics, 1987, 15(1): 132-151.

十二 "语句"与"代词"的设定 对指代消解的影响[47]

——一项向心理论参数化实证研究

1. 引言

向心理论（Joshi & Weinstein, 1981; Grosz *et al.*, 1995; Walker *et al.*, 1998）是一个关于语篇局部连贯性和代词化的理论，着重研究在一个语篇片段中，注意焦点、指称形式的选择和连贯性这三者之间的联系。该理论简单明了、易操作、易验证，因而被广泛应用于语篇回指的理解和生成研究（Lappin & Leass, 1994; Kehler, 1997; Tetreault, 2001; Beaver, 2004; Kibble & Power, 2004），甚至应用于作文评分研究（Miltsakaki & Kukich, 2000）。

关于这一理论的理论基础、理论框架和分析模式，苗兴伟（2003）已作了简介。刘礼进（2005）进一步介绍了基于该理论的两种有影响的指代消解算法及其测评结果。Yeh & Chen（2001, 2003）和王德亮（2004）等也应用这一理论对汉语进行了研究。

但是，由于该理论的倡导者在提出这一理论时，致力于使其具有跨语言有效性，并且是将其作为一个抽象的、语言学的语篇理论，而非一个具体的语篇生成或理解的算法规则系统提出的，所以故意对其中的一些基本核心概念不作

47 原载《现代外语》2008年第2期，11—120页。作者为许余龙、段嫚娟、付相君。

明确的厘定。同时，不同的研究者在应用向心理论时，对其中一些基本概念和主要论断又有不同的定义和理解，因而得出的结论难以比较。

因此，Poesio *et al.*（2004）提出了向心理论的参数化研究方法，将这些基本核心概念视为该理论中的参数，并探讨了这些参数的不同设定对该理论有效性的影响。本文将参照该研究方法，初步探讨"语句"与"代词"这两个参数的设定对汉语指代消解的影响。

2．向心理论的基本运作模式和所涉及的主要参数

2.1 向心理论的基本运作模式和论断

向心理论假定，语篇由若干语篇片段（简称语段）构成，而语段由一组语句[48]（utterance）组成。一个语句中提及的所有语篇实体构成了该语句的一个前瞻中心（Cf）集，因为这些实体是语篇下文潜在的回指对象。在这些Cf中有两个特殊成员。一个是语句所谈论的，并回指上一语句所提到的某个实体的那个Cf，称为回指中心（Cb）。另一个是语句中显著度最高的，并预测可能成为下一语句中的Cb的那个Cf，称为优选中心（Cp）。语句中的Cf及其显著度排序反映了语篇局部的注意焦点（简称局部焦点）。随着语篇的展开，局部焦点以语句为单位不断更新。向心理论的基本运作模式可概括为如下三项制约条件和两条规则。

制约条件：

在由语句$U_1, \cdots, U_m$组成的一个语段D中，就每个语句U_i而言：

1）只能有一个回指中心Cb（U_i, D）；

---

48 "utterance"一词在苗兴伟（2003）和王德亮（2004）的论述中被译为"语段"，而在克里斯特尔（2000）的研究中被译为"话段"。这里译为"语句"是因为考虑到，"utterance"通常被认为是特定语境中实际使用的一个单位，与抽象语言系统中的单位"sentence"相对立。而且，"语篇""语段""语句"这一组表示语言实际使用中从大到小的语篇结构单位的术语，可以较自然地与抽象语言系统中的"篇章""段落""句子"相对应。

2）前瞻中心集Cf（U$_i$,D）中的每个元素都必须在U$_i$中实现；

3）回指中心Cb（U$_i$,D）是在U$_i$中实现的、在Cf（U$_{i-1}$,D）中显著度最高的那个元素。

规则：

在由语句U$_1$,…,U$_m$组成的一个语段D中，就每个语句U$_i$而言：

1）如果Cf（U$_{i-1}$,D）中的一个元素在U$_i$中实现为代词，那么Cb（U$_i$,D）也应实现为代词。

2）过渡状态是有序的。延续过渡优于保持过渡，保持过渡优于流畅转换过渡，流畅转换过渡优于非流畅转换过渡。

向心理论关于语篇局部连贯性和显著性的主要论断，集中体现在制约条件1）、规则1）和规则2）中。这三项规定构成了向心理论的三个基本论断。

关于语篇局部连贯性，向心理论的主要论断是：根据规则2），如果一个语段中的语句连续提及同一语篇实体，那么这一语段比那些提及不同实体的语段具有较高的连贯性。这一观点与许多语篇连贯理论（如Chafe的信息流理论，1994，以及Givón的主题接续理论，1983）的观点相似。但在向心理论中，这种连贯性进一步规定为：根据制约条件1），语段中每个语句与前一语句具有唯一的一个"主要连结点"，即Cb。

关于语篇局部显著性，向心理论的主要论断是：语句中实现的语篇实体具有不同的显著度，并且在每个语句中只有一个最显著的实体，即Cp。这一观点也是与许多关于语篇实体信息状态和可及性研究（如Prince，1981；Gundel *et al.*，1993；Ariel，1990）所得出的基本结论一致的。

规则1）进一步将上述语篇局部连贯性和显著性与语篇中指称形式的选用联系起来，规定：在前一语句（U$_{i-1}$）中显著度最高、充当U$_{i-1}$与U$_i$之间主要连结点的Cb，在U$_i$中最有可能实现为代词（在汉语等语言中为零形代词）。这一论断与Xu（1995）和许余龙（2004）提出的高可及性标示语最有可能指称前一小句中的主题/主语的观点十分相似。也正是这一论断使向心理论成为语篇回指生成和理解的一个非常具有吸引力的研究框架，成为计算语言学中指代消解的一个重要算法基础。

然而，要检验向心理论的上述三个基本论断，以及评估将其作为语篇回指生成和理解的理论模式的可行性，首先涉及制约条件1）、规则1）和规则2）的具体规定，其次涉及这三条准则所包含的一些基本概念的界定，即这些论断所涉及的一些主要参数的设定，因为不同的研究者在这两个方面有着不同的观点和处理方法。

2.2 基本论断的不同理解和所涉及的参数

关于制约条件1），有强制约和弱制约两种不同的观点。以 Grosz *et al.*（1995）为代表的强制约观点认为，在一个语段中，除了第一个语句之外，其他每个语句都必须且只能有一个 Cb；而以 Walker *et al.*（1998）为代表的弱制约观点则认为，其他每个语句最多只能有一个 Cb（亦即可以没有）。制约条件1）中所说的 Cb，大多数研究者采用 Grosz *et al.*（1995）的观点，用制约条件3）来定义。要检验这一准则，涉及的参数包括：U_i 和 U_{i-1} 的确定方法、"实现"的含义，以及语句中 Cf 的显著度排序（即 Cp 的确定标准）。

关于规则1），其表述本身没有什么歧义。而要检验规则1），所涉及的参数除了上面提到的那几个之外，还涉及该规则中所说的代词（简称 R1 代词）的定义。

规则2）是关于连贯语篇中语句之间过渡的分类和优先排序，主要有四种不同的观点。上面 2.1 节中所引用的是 Brennan *et al.*（1987）首先提出，并由 Walker *et al.*（1998）稍作修正的排序规定，代表了主流观点。他们将过渡状态分为四类，定义如图 12.1：

	$Cb(U_i) = Cb(U_{i-1})$ 或 $Cb(U_{i-1}) = [?]$[49]	$Cb(U_i) \neq Cb(U_{i-1})$
$Cb(U_i) = Cp(U_i)$	延续	流畅转换
$Cb(U_i) \neq Cp(U_i)$	保持	非流畅转换

图 12.1 四类过渡状态的定义

---

49 $Cb(U_{i-1})=[?]$ 适用于 U_{i-1} 是语段中的第一句时的情况，因为此时该语句中的 Cb 还不能确定。

Kameyama（1986），Strube & Hahn（1999）和 Kibble（2000）提出了其他一些过渡状态和过渡模式，以及评估语篇连贯性的原则。然而，无论采用哪一种观点来理解规则2），同样都会涉及上面所提到的一些主要参数。

综上所述，向心理论的运作所涉及的主要参数包括：语句 U_i 和 U_{i-1} 的设定、R1 代词的确定、"实现"的含义、语句中 Cf 的显著度排序、语篇中语段的切分标准等。本文主要讨论前两个参数的设定对指代消解的影响，同时也涉及对"实现"含义的确定。语句中 Cf 的显著度排序是语言学和计算语言学中讨论最多的问题，我们将另文讨论。至于语篇中语段的确定，由于我们语料中的语篇都不是很长，而且连贯性都很强，因而我们将整个语篇作为一个语段[50]。

3．语句和 R1 代词的不同设定方法

3.1　语句 U_i 和 U_{i-1} 的确定

在向心理论的早期研究中，由于所分析的语段几乎都由简单句构成，因而将语句默认为句子，即 U_i 和 U_{i-1} 都是整个句子。但是在自然语篇中，句子有时会很长、很复杂，其内部可以含有不同类型的小句。因此 Kameyama（1998）提出，应该将时态小句（tensed clause）作为语句。她进一步把语句分为两类：一类是并列小句和状语从句，此类语句"永久"更新局部焦点，即既可作为 U_i，又可作为 U_{i-1}；另一类是内嵌小句，此类语句只是"临时"更新局部焦点，处理完之后就弹出，不再对下一语句的局部焦点更新产生影响，即只可作为 U_i，不可作为 U_{i-1}。而 Miltsakaki（1999）则认为，局部焦点是以句子为单位更新的，而且在确定 Cb 时只需考虑那些在句子的主句中实现的 Cf。也就是说，只有句子中的主句才能成为 U_i 和 U_{i-1}。

上述语句确定的方法主要是就英语语篇而言的。由于在汉语语篇中很难

---

50 另有两方面的原因支持这一做法：① 语篇中中心（话题）的延续和代词的回指往往是跨语段的，Poesio *et al.*（2004）的研究表明，规则1）并不受语段大小的影响；② 在口语中很难确定语段划分的标准。

区分时态与非时态小句，而且在没有出现连词的句子中有时很难区分主句与从句，因此上述方法较难直接应用于汉语。本文主要检验下面两种不同的语句设定方法：① 将语句U_i和U_{i-1}设定为语篇中至少含有一个述谓结构，由逗号、冒号、分号和句末标点符号断开，结构相对独立完整的小句，这是目前汉语指代消解研究（如 Yeh & Chen，2001，2003；王德亮，2004）所普遍采用的语句确定标准（虽然具体做法略有差异），我们将这一设定方法称为 Udef.1；② 将语句U_i和U_{i-1}设定为语篇中的自然句，即由句号、问号和感叹号断开的语符串，我们将其称为 Udef.2。

3.2 R1代词的确定标准

规则1）规定，语句中只要有任何一个Cf实现为代词，那么Cb也应该实现为代词。然而，向心理论没有明确说明R1代词可以包括哪几类代词。在将向心理论应用于英语研究时，R1代词通常默认为第三人称单数代词。而在汉语、日语、意大利语和土耳其语等一些语言中，Cb除了可以实现为人称代词之外，更多地实现为零形代词（见 Yeh & Chen，2001，2003；王德亮，2004；Walker *et al.*，1994；Di Eugenio，1998；Turan，1998）。因此，本研究将同时检验R1代词的这两种不同实现方式：① 把R1代词设定为第三人称代词；② 把R1代词设定为零形代词。

在第一种设定中，我们将第一、二人称代词排除在R1代词之外，原因是这两类代词典型地用于直指具体交际情境中的说话者和受话者，而不是回指语篇中提到的某个实体。而且，我们研究采用的语料是书面语料，并且按照回指理解研究的通行做法，对其中的对话部分不做分析。因为从语篇的心理表征角度来说，书面叙述部分所构建的语篇模型和对话转述部分所构建的语篇模型并不处于同一语篇宇宙（universe of discourse）；从向心理论的角度来说，根据 Kameyama（1998：§4.2），对话转述语段是书面叙述语段所不可及的内嵌语段。

在第二种设定中，主语和宾语控制的PRO被排除在需要进行指代消解的零形代词之列，因为它们的指称主要是由控制动词的语义决定的。我们根据控制动词的语义人工标注了这些空语类的指称之后，指代消解算法中的句法过滤机制可以利用这些信息自动做出正确的（小）句内指代消解。例如，在下面的例（1）里，（1c）中的"听凭"是一个宾语控制动词，其宾语后的PRO只能与其宾语"这些勇猛的敌人"同指。同时，这个PRO又是其后面"把"字小句的主语，根据Chomsky管约理论中的约束规则B，"把"的宾语"他"不能与小句的主语同指，因而排除了与"这些勇猛的敌人"同指的可能性。将这一可能的先行语过滤掉之后，"他"在（1c）中所剩下唯一可能的先行语是与（1a）中"大青虫"同指的"Ø"，这也是其在该语段中最可及的先行语。

> （1）a. 大青虫想挣扎，
>
> b. Ø 却敌不过这许多只蚂蚁，
>
> c. Ø 只好听凭这些勇猛的敌人PRO把他拖走。
>
> 《丁丁回家去》

我们对关系从句中的空语类（"Ø"）做了同样的处理，见例（2）。

> （2）Ø 背负红布包袱的镖师已卸了下背上的兵器，……
>
> 《书剑恩仇录》

3.3 "实现"的含义

Grosz *et al.*（1995）认为，一个语篇实体在语句中的实现可以通过两种方式，一种是直接实现，另一种是间接实现。如在下面例（3）中（引自Grosz *et al.*, 1995: 217），The house在句（3a）中，以及the door和the furniture在句（3b）和（3c）中，都得到直接实现。此外，还可以认为the house在（3b）和（3c）中得到了间接实现，因为这两句中的the door和the furniture都间接提到了它，即此例中的the door实际上是指the door of the house，the furniture也是指the furniture of the house。如果认为间接实现也算是实现，那么可以说句（3b）和

（3c）中含有一个 Cb（= the house）；相反，如果认为只有直接实现才算是实现，那么这两句中便没有 Cb 了，从而违反了强制约束条件 1）。

（3）a. The house appeared to have been burgled.

b. The door was ajar.

c. The furniture was in disarray.

如果说间接回指在英语中的识别还比较容易的话，那么在汉语中则要难得多。因为英语中用作间接回指的名词短语大多带有定冠词 the，有较为明显的形式标记；而汉语由于没有定冠词，语篇中用于引入一个新实体，或用于直接回指或间接回指的名词短语都可能采用光杆名词短语的形式。例如下面例（4）：（4a）中的"左手"和"茶壶"都用于引入一个新的语篇实体；（4b）中的"食中两指"和"壶盖"分别间接回指（4a）中的"左手"和"茶壶"；（4c）中的"铁莲子"回指前一自然句中提到的一个实体；而（4c）中的"壶"则用于直接回指（4a）中的"茶壶"。这些不同功能的名词短语都是以光杆名词短语的形式出现的。

（4）a. 他左手拿着茶壶，

b. Ø 以食中两指揭开壶盖，

c. 铁莲子扑的跌入壶中。

（《书剑恩仇录》）

其实，即便在英语中，也尚未有一种识别和标注所有间接回指的可靠方法，因而在 Poesio *et al.*（2004：325）对英语的向心理论参数化研究中，只对一些较容易识别的间接回指关系（如整体与局部的关系）作了标注。因此在本研究中，我们仅将直接实现视为实现[51]。

---

51 这固然与更难识别汉语中的间接回指有关。但更重要的原因是，正如我们在下一节将指出，我们的研究目的与 Poesio *et al.* (2004) 不尽相同。

4. 语料与研究方法

Poesio *et al.*（2004）的参数化研究的基本方法是建立一个标注语料库和一个自动分析程序系统，分析不同的参数设定对向心理论作出的论断所产生的影响。他们的标注内容分为如下三大类：① 语篇构成属性，包括语篇的自然分节、分段、分句，句中各种形式和功能的小句；② 名词短语属性，包括名词短语的形式特征、语义属性、句法功能和线性位置；③ 回指信息，包括名词短语之间的直接或间接回指关系。这些内容与许余龙（2005）的语料数据库所含内容相似，但有些内容更为详密。

在他们的研究基础上，我们选用了如下三类汉语语料进行研究：① 金庸的《书剑恩仇录》第一回；②从中国儿童文学网下载的8篇儿童故事；③从美国宾州大学中文标注语料库（Penn Chinese Treebank）中随机选出的8篇新闻报道。我们参照了Poesio *et al.*（2004）和宾州大学中文标注语料库的标注方法（见 Xue *et al.*，2005）对语料进行了标注，但略去了间接回指关系的标注。表12.1 列出了语料的基本情况。

表12.1　语料的基本情况

语料类型	字数	名词短语数	零形代词	第三人称代词	非常规指称	语句数 (Udef.1)	语句数 (Udef.2)
小说	14,804	2,955	973	151	19	1,610	477
儿童故事	12,029	1,653	430	130	18	854	333
新闻报道	4,660	540	73	6	6	212	84
总计	31,493	5,148	1,476	287	43	2,676	894

表12.1 显示，在我们的语料中，共出现1,476个零形代词和287个第三人称代词，其中共有43个用于任指（arbitrary reference）、下指、指称抽象命题或合指前面分别提及的实体等非常规指称。将这43例非常规指称除去后，用于明确回指语篇中提及的具体实体的零形代词和第三人称代词分别有1,442和278个，这些是我们研究中试图消解的两类R1代词。

表12.1同时显示，如果语句按Udef.1来确定，那么我们的语料共含有2,676个语句；如果按Udef.2来确定，那么语料中的语句减至894个。

在研究的目的和分析方法方面，我们与Poesio *et al.*（2004）略有不同。Poesio *et al.*（2004）的主要目的是通过对参数的不同设定，来检验哪种设定可以使语料中出现符合向心理论论断的实例数比率更高一些。因而对他们来说，如果按Udef.1将上面的（3b）认定为一个语句，那么其中是否含有一个Cb将影响到该语句是遵守还是违反了强制约条件1）。而我们的研究目的则主要是直接检验哪种设定可以使以向心理论为基础的指代消解算法更有效一些。

在分析方法上，我们先设计了一个程序，将语料中标注的信息读入MS Access数据库。然后根据可能影响Cf显著度排序的不同因素，设计了6个不同的指代消解算法：① Alg1完全根据线性语序来确定显著度；② Alg2完全根据语法功能来确定显著度；③ Alg3在Alg2的基础上进一步考虑了回指语和先行语的语法功能平行性因素，即回指语和先行语倾向于承担同一语法功能；④ Alg4在Alg2的基础上进一步考虑了Cb(U_i) = Cb(U_{i-1})的倾向，即语篇连贯性的因素；⑤ Alg5在Alg2的基础上同时考虑了语法功能的平行性和语篇连贯性这两个因素；⑥ Alg6在Alg3的基础上进一步考虑了主句中的回指语倾向于回指前一主句中提及的语篇实体这一因素。这6种算法的具体设计我们将结合显著度的确定另文介绍（简介见Duan，2007）。

上述6种算法实际上代表了对Cf显著度这一参数的6种不同设定方法。这一参数与第3节中讨论的语句和R1代词这两个参数之间的互动，以及这种互动对指代消解算法有效性的影响，可以通过在对后两个参数作不同设定的情况下，分别运行上述6种不同算法来检验。我们将每次运行的结果读入数据库，与数据库中人工标注的回指信息进行自动比对，从而检验不同参数设定情况下的消解有效性。

5．数据分析

最常用的检验指代消解算法有效性的衡量标准有三个，即回索率（recall

rate）、准确率（precision rate）和成功率（success rate），分别定义如下（Mitkov，2002：178-179）：

回索率＝正确消解的回指语数÷系统所识别的所有回指语数

准确率＝正确消解的回指语数÷系统所致力于消解的所有回指语数

成功率＝正确消解的回指语数÷语料中所含的所有回指语数

由于本文的主要目的是研究向心参数的不同设定对指代消解的影响，而不是计算语言学和人工智能研究所致力于研究的语篇回指自动处理，因而我们的研究没有设计和采用代词和零形代词自动检索程序，语料中的所有代词和零形代词都是人工标注的，我们研究中的回索率大致相当于成功率。因此，下面的数据分析主要采用准确率和成功率这两个衡量标准。两者在本研究中的区别是，成功率的计算基数包含了我们语料中所出现的所有回指语，而准确率的计算则在基数中扣除了表12.1中所列的那些用于非常规指称的回指语。

5.1 语句的设定对指代消解的整体影响

表12.2列出了语句的两种设定对6种指代消解算法的整体准确率和成功率的影响，消解的百分比越高，说明有效性越大。

表12.2　语句的设定对指代消解的整体影响

		Alg1	Alg2	Alg3	Alg4	Alg5	Alg6
语句	准确率	81.9%	86.9%	87.4%	85.3%	87.3%	91.3%
(Udef.1)	成功率	79.9%	84.7%	85.3%	83.2%	85.2%	89.1%
语句	准确率	66.1%	73.3%	76.2%	72.0%	76.2%	80.5%
(Udef.2)	成功率	64.5%	71.5%	74.4%	70.2%	74.4%	78.5%

该表显示，总的来说，无论是就准确率而言，还是就成功率来说，如果将语句设定为至少含有一个述谓结构的小句（Udef.1），那么6种指代消解算法所得到的消解结果，都比将语句设定为语篇中的自然句（Udef.2）好。其中的主要原因是，按Udef.2定义的语句通常较长，不能及时反映语篇中话题和Cf集的更新，从而会出现较多的违反规则1）的语句，影响指代消解的准确率和成功率，这一结果与Poesio et al.（2004）对英语的研究结果是一致的。而按Udef.1

定义的语句较短，在大多数情况下不存在这个问题。比如，在下面的例（5）中，

（5）a. 陆菲青手下留情，

b. 这一掌蕴劲回力，

c. Ø去势便慢，

d. 焦文期明知对方容让，

e. Ø竟然趁势直上，

f. Ø乘着陆菲青哈哈一笑，手掌将缩未缩、前胸门户洞开之际，

g. Ø突然左掌"流泉下山"，

h. 五指已在他左乳下猛力一截。

（《书剑恩仇录》）

如果按Udef.1来定义语句，那么从（a）到（h）构成8个语句。无论采用6种算法中的哪一种，（c）中的"Ø"都可以消解为回指（b）中的"这一掌"；而（e）到（g）中的"Ø"都可以消解为回指（d）中的"焦文期"。但是，如果按Udef.2来定义语句，那么从（a）到（h）只构成一个语句，不仅会使当前语句中"Ø"的指代消解变得更为复杂，还可能影响到下一语句中回指语的消解，因为根据Udef.2定义的语句不能及时正确地反映出，此时语篇的话题已从"陆菲青"转为"焦文期"。

5.2 语句的设定对两种不同R1代词消解的影响

由于准确率直接反映了语篇中用作回指（而不是任指或下指）的回指语的实际消解情况，本节将只用准确率来分析语句设定和R1代词设定在指代消解过程中的相互作用。图12.2反映了语句和R1代词的设定对指代消解影响的两大概貌。首先，无论是就代词还是零形代词的指代消解来说，在将语句按Udef.1设定的情况下，6种算法所得出的指代消解准确率，都比将语句按Udef.2设定高。

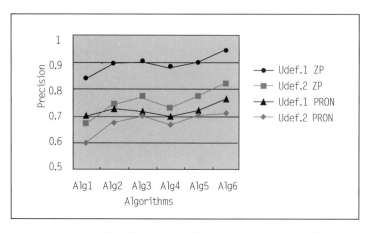

图12.2 两种不同R1代词指代消解的准确率比较

其次，无论采用6种算法中的哪一种，汉语零形代词（ZP）的指代消解准确率都要比代词（PRON）高，最高的要高出将近20%。其中一个可能的原因是，汉语中的零形代词和代词分属两种不同的可及性标示语，零形代词所标示的指称对象的可及性比代词高（Ariel，1990，2006；许余龙，2000）。进一步的分析表明，如果按Udef.1来定义语句，那么我们语料中只有5%的零形代词的先行语既不在本语句（U_i）中，也不在上一语句（U_{i-1}）中；但有26%的代词的先行语都出现在上一语句之前。基于向心理论模型的指代消解算法是以语句之间的中心（话题）延续和转换为主要依据的，总是将最显著、最可及的语篇实体作为代词和零形代词的指称对象，所以对于指称距离较远的代词来说，其消解结果自然不如零形代词好。

再让我们分别具体考察语句和R1代词的设定对6种指代消解算法的准确率的影响。图12.2直观地显示，语句的设定对零形代词指代消解的影响十分相似：在将语句按Udef.1设定的情况下，6种算法的指代消解准确率普遍要比按Udef.2设定高。但是，语句的设定对代词的指代消解准确率的影响因算法不同而异。图12.2显示，在采用Alg3和Alg5这两种算法时，语句的设定对代词指代消解准确率的影响很小。表12.3进一步列出了语句的设定对两类R1代词指代消解影响的显著性分析结果。

表12.3 语句的设定对两类R1代词指代消解影响的显著性分析

	零形代词		代词	
	正确消解频数	显著度	正确消解频数	显著度
Alg1' vs. Alg1" [52]	Alg1"<Alg1': 299[53] Alg1">Alg1': 57 Alg1"=Alg1': 1,086	0.000	Alg1"<Alg1': 58 Alg1">Alg1': 29 Alg1"=Alg1': 191	0.003
Alg2' vs. Alg2"	Alg2"<Alg2': 13 Alg2">Alg2': 56 Alg2"=Alg2': 1,373	0.000	Alg2"<Alg2': 42 Alg2">Alg2': 26 Alg2"=Alg2': 210	0.069
Alg3' vs. Alg3"	Alg3"<Alg3': 246 Alg3">Alg3': 59 Alg3"=Alg3': 1,137	0.000	Alg3"<Alg3': 36 Alg3">Alg3': 32 Alg3"=Alg3': 210	0.282
Alg4' vs Alg4"	Alg4"<Alg4': 274 Alg4">Alg4': 56 Alg4"=Alg4': 1,110	0.000	Alg4"<Alg4': 40 Alg4">Alg4': 30 Alg4"=Alg4': 208	1.000
Alg5' vs Alg5"	Alg5"<Alg5': 247 Alg5">Alg5': 61 Alg5"=Alg5': 1,134	0.000	Alg5"<Alg5': 36 Alg5">Alg5': 31 Alg5"=Alg5': 211	0.625
Alg6' vs Alg6"	Alg6"<Alg6': 214 Alg6">Alg6': 33 Alg6"=Alg6': 1,195	0.000	Alg6"<Alg6': 35 Alg6">Alg6': 21 Alg6"=Alg6': 222	0.082

　　该表可以说明两个问题。首先,该表清楚显示,在运用6种算法对零形代词进行指代消解时,语句的设定都具有显著影响;而在对代词进行指代消解时,语句的设定仅在运用Alg1时才有(在.05水平上的)显著影响。其次,虽然从总体上来说,将语句按Udef.1设定的消解准确率要比按Udef.2设定为高,

---

52 Alg1'和Alg1"分别表示在将语句分别按Udef.1和Udef.2设定的情况下运行Alg1,其余类推。

53 Alg1"<Alg1': 299表示Alg1'能正确消解而Alg1"不能的有299例,Alg1">Alg1': 57表示Alg1'不能正确消解而Alg1"能正确消解的有57例,Alg1"=Alg1': 1,086表示两者都能正确消解的有1,086例,其余类推。

但是无论采用哪一种算法，都会出现按Udef.1设定不能正确消解而按Udef.2设定可以正确消解的情况。仔细具体分析这些案例，可以帮助我们进一步提高消解的整体准确率（我们将结合具体算法另文摘要讨论），这也是向心理论参数化研究的优点所在。

6．小结

本文采用Poesio *et al.*（2004）提出的向心理论的参数化研究方法，设计了6种指代消解算法，通过对标注语料的分析，初步探讨了"语句"与"代词"这两个参数的设定对汉语指代消解的影响。结果表明，无论采用基于哪种确定Cf显著度排序的算法，均呈现如下差异：① 语句设定对代词指代消解的影响要比零形代词小；② 将语句设定为小句所得到的零形代词消解结果，要普遍优于将语句设定为自然句，这说明目前汉语指代消解研究所通常采用的语句确定方法在总体上是可行的；③ 汉语代词的指代消解准确率要远低于零形代词的消解准确率，这说明目前汉语指代消解研究主要关注零形代词的做法是不够的，应该加强对代词的指代消解研究。

这一参数化研究的意义并不局限于运用向心理论进行指代消解研究本身，更重要的是可以通过这种方法发现影响回指理解的各种因素，以及这些因素之间的相互作用，从而推动和深化语篇分析和语篇回指的研究，检验和实质性地改进现有的一些理论，或提出更符合语言事实的理论，因为无论采用哪一种理论框架，都要涉及对这些因素的综合处理。

参考文献

- 克里斯特尔. 现代语言学词典 [M]. 沈家煊, 译. 北京: 商务印书馆, 2000.

- 刘礼进. 中心理论和回指解析计算法 [J]. 外语学刊, 2005(6): 23-27.

- 苗兴伟. 语篇向心理论述评 [J]. 当代语言学, 2003(2): 149-157.

- 王德亮. 汉语零形回指解析——基于向心理论的研究 [J]. 现代外语, 2004(4): 350-359.

- 许余龙. 英汉指称词语表达的可及性 [J]. 外语教学与研究, 2000(5): 321-328.

- 许余龙. 篇章回指的功能语用探索——一项基于汉语民间故事和报刊语料的研究 [M]. 上海: 上海外语教育出版社, 2004.

- 许余龙. 语篇回指实证研究中的数据库建设 [J]. 外国语, 2005(2): 23-29.

- ARIEL M. Accessing noun-phrase antecedents [M]. London: Routledge, 1990.

- ARIEL M. Accessibility theory [M]// BROWN K. Encyclopedia of language and linguistics, 2nd ed., Vol. 1. Oxford: Elsevier, 2006: 15-18.

- BEAVER D. The optimization of discourse anaphora [J]. Linguistics and philosophy, 2004, 27: 3-56.

- BRENNAN S, FRIEDMAN M, POLLARD, C. A centering approach to pronouns [C]// Proceedings of ACL-87, 1987: 155-162.

- CHAFE W. Discourse, consciousness, and time: The flow and displacement of conscious experience in speaking and writing [M]. Chicago: The University of Chicago Press, 1994.

- DI EUGENIO B. Centering in Italian [M]// WALKER M A, JOSHI A K, PRINCE E F. Centering theory in discourse. Oxford: Oxford University Press, 1998: 115-138.

- DUAN M J. Centering in Chinese anaphor resolution: A parametric study [C/OL]// Proceedings of the 10th Conference of the Pacific Association for Computational Linguistics, 2007: 350-358[2007-10-30]. http://mandrake.csse.unimelb.edu.au/pacling2007/files/final/7/7_Paper_meta.pdf.

- GIVÓN T. An introduction [M]// GIVÓN T. Topic continuity in discourse: Quantitative cross-linguistic studies, Amsterdam: John Benjamins, 1983, 1-42.

- GROSZ B J, JOSHI A K, WEINSTEIN S. Centering: A framework for modeling the local coherence of discourse [J]. Computational linguistics, 1995, 21: 203-225.

- GUNDEL J K, HEDBERG N, ZACHARSKI R. Cognitive status and the form of referring expressions in discourse [J]. Language, 1993, 69: 274-307.

- JOSHI A K, WEINSTEIN S. Control of inference: Role of some aspects of discourse structure–centering [C]// Proceedings of the International Joint Conference on Artificial Intelligence, 1981: 435-439.

- KAMEYAMA M. A property-sharing constraint in centering [C]// Proceedings of the 24th Annual Meeting of the Association for Computational Linguistics, 1986: 200-206.

- KAMEYAMA M. Intra-sentential centering: A case study [M]// WALKER M A, JOSHI A K, PRINCE E F. Centering theory in discourse. Oxford: Oxford University Press, 1998: 89-112.

- KEHLER A. Current theories of centering for pronoun interpretation: A critical evaluation [J]. Computational linguistics, 1997, 23: 467-475.

- KIBBLE R A. Reformulation of rule 2 of centering theory [R]. Brighton: University of Brighton, 2000.

- KIBBLE R, POWER R. Optimizing referential coherence in text generation [J]. Computational linguistics, 2004, 30: 401-416.

- LAPPIN S, LEASS H. An algorithm for pronominal anaphora resolution [J]. Computational linguistics, 1994, 20: 536-561.

- MILTSAKAKI E. Locating topics in text processing [C]// Computational linguistics in the Netherlands: Selected papers from the 10th Computational Linguistics in the Netherlands Meeting, 1999: 127-138.

- MILTSAKAKI E, KUKICH K. The role of centering theory's rough shift in the teaching and evaluation of writing skills [C/OL]// Proceedings of the 38th Annual Meeting of the Association for Computational Linguistics, 2000: 408–415[2007-09-30]. http://acl.ldc.upenn.edu/P/P00/P00-1052.pdf.

- MITKOV R. Anaphora Resolution [M]. Edinburgh: Pearson Education Limited, 2002.

- POESIO M, STEVENSON R, DI EUGENIO B, HITZEMAN J. Centering: A parametric theory and its instantiations [J]. Computational linguistics, 2004, 30: 309-363.

- PRINCE E F. Toward a taxonomy of given-new information [M]// COLE P. Radical pragmatics. New York: Academic Press, 1981: 223-255.

- STRUBE M, HAHN U. Functional centering—grounding referential coherence in information structure [J]. Computational linguistics, 1999, 25: 309-344.

- TETREAULT J R. A corpus-based evaluation of centering and pronoun resolution [J]. Computational linguistics, 2001, 27: 507-520.

- TURAN U. Ranking forward-looking centers in Turkish: Universal and language-specific properties [M]// WALKER M A, et al. Centering theory in discourse. Oxford: Oxford University Press, 1998: 139-160.

- WALKER M A, IIDA M, COTE S. Japanese discourse and the process of centering [J]. Computational linguistics, 1994, 20: 193-232.

- WALKER M A, JOSHI A K, PRINCE E F. Centering in naturally occurring discourse: An overview [M]// WALKER M A, et al. Centering theory in discourse. Oxford: Oxford University Press, 1998: 1-28.

- XU Y L. Resolving third-person anaphora in Chinese narrative discourse [D]. Hong Kong: The Hong Kong Polytechnic University, 1995.

- XUE N W, XIA F, CHIOU F D, PALMER M. The Penn Chinese Treebank: Phrase structure annotation of a large corpus [J]. Natural language engineering, 2005, 11: 198-207.

- YEH C L, CHEN Y J. An empirical study of zero anaphora resolution in Chinese based on centering theory [C/OL]//Proceedings of Research on Computational Linguistics Conference XIV, The Association for Computational Linguistics and Chinese Language Processing, 2001[2020-06-06]. https://www.aclweb.org/anthology/O01-1011. pdf.

- YEH C L, CHEN Y J. Zero anaphora resolution in Chinese with partial parsing based on centering theory [C/OL]// Proceedings of the 2003 International Conference on Natural Language Processing and Knowledge Engineering, 2003[2007-10-30]. http://www.cse.ttu.edu. tw/chingyeh/papers/NLP-KE2003.pdf.

郑重声明

　　高等教育出版社依法对本书享有专有出版权。任何未经许可的复制、销售行为均违反《中华人民共和国著作权法》，其行为人将承担相应的民事责任和行政责任；构成犯罪的，将被依法追究刑事责任。为了维护市场秩序，保护读者的合法权益，避免读者误用盗版书造成不良后果，我社将配合行政执法部门和司法机关对违法犯罪的单位和个人进行严厉打击。社会各界人士如发现上述侵权行为，希望及时举报，本社将奖励举报有功人员。

反盗版举报电话

（010）58581999　58582371　58582488

反盗版举报传真

（010）82086060

反盗版举报邮箱

dd@hep.com.cn

通信地址

北京市西城区德外大街4号

高等教育出版社法律事务与版权管理部

邮政编码

100120

图书在版编目（ＣＩＰ）数据

对比求真：许余龙学术论文自选集 / 许余龙著. --
北京：高等教育出版社，2021.10（2022.8重印）
（英华学者文库 / 罗选民主编）
ISBN 978-7-04-055355-0

Ⅰ.①对… Ⅱ.①许… Ⅲ.①英语－对比语言学－汉
语－文集 Ⅳ.①H31-53②H1-53

中国版本图书馆CIP数据核字 (2020) 第272847号

DUIBI QIUZHEN
—XU YULONG XUESHU LUNWEN ZIXUANJI

策划编辑	出版发行	高等教育出版社
肖　琼	社　　址	北京市西城区德外大街4号
秦彬彬	邮政编码	100120
	购书热线	010-58581118
责任编辑	咨询电话	400-810-0598
秦彬彬	网　　址	http://www.hep.edu.cn
		http://www.hep.com.cn
封面设计	网上订购	http://www.hepmall.com.cn
王凌波		http://www.hepmall.com
		http://www.hepmall.cn
版式设计		
王凌波	印　　刷	河北信瑞彩印刷有限公司
	开　　本	787mm×1092mm　1/16
插图绘制	印　　张	16.25
邓　超	字　　数	241千字
	版　　次	2021年10月第1版
责任校对	印　　次	2022年8月第2次印刷
艾　斌	定　　价	89.00元
胡美萍		

本书如有缺页、倒页、脱页等质量问题，
请到所购图书销售部门联系调换

版权所有　侵权必究

物 料 号　55355-00